# למלא את הִריק
## מגילת קהלת של הנפש

חגי לונדין

# לְמלא את הָרִיק
## מגילת קהלת של הנפש

מגילת קהלת • פירוש

Rabbi Hagay Lundin
*Filling the Void: Megillat Kohelet of the Soul*

חגי לונדין
למלא את הריק: מגילת קהלת של הנפש

עורך אחראי: ראובן ציגלר
עורכת ראשית: אוריה מבורך
עורכת משנה ולשון: אפרת גרוס
עימוד: תמי מגר
תמונת עטיפה: שמואל לעסרי



ספרי מגיד, הוצאת קורן
ת"ד 4044 ירושלים 9104001
טל': 02-6330530 פקס: 02-6330534
office@korenpub.com
www.korenpub.co.il



מסת"ב ISBN 978-965-526-387-9

נדפס בישראל Printed in Israel 2025

# תוכן העניינים

# קהלת במאה ה־21

## רקע

מגילת קהלת נכתבה, על פי המסורת, בידי שלמה המלך[1] והועתקה בהמשך בידי "חזקיה וסיעתו".[2] בשל המורכבות והסתירות לכאורה שבמגילה, התלבטו חז"ל בשלב מסוים אם היא ראויה להיכלל בתנ"ך:

> אמר רב יהודה בריה דרב שמואל בר שילת משמיה דרב: בקשו חכמים לגנוז ספר קהלת מפני שדבריו סותרים זה את זה, ומפני מה לא גנזוהו? מפני שתחילתו דברי תורה וסופו דברי תורה. תחילתו דברי תורה דכתיב: "מה יתרון לאדם בכל עמלו שיעמול תחת השמש"... וסופו דברי תורה דכתיב: "סוף דבר הכל נשמע את האלוהים ירא ואת מצוותיו שמור כי זה כל האדם".[3]

## סוכות

בחלק מקהילות ישראל התקבל המנהג לקרוא את המגילה בשבת חול המועד סוכות[4] מטעמים שונים[5] ובראשם ההבנה שטמון בה מסר המאזן

1 קהלת רבה א, א.
2 בבא בתרא יד ע"ב.
3 שבת ל ע"ב.
4 רמ"א סימן תרסג סעיף ב, אבודרהם (השלם), עמ' רמ, ועוד.
5 פרי מגדים, אשל אברהם ס"ק ח; צדקת הצדיק ר"ב; ציץ אליעזר כרך כב, לו.

את שמחת החג שמא תפרוץ גבולותיה. דווקא בחג הסוכות, שנאמר בו: "שִׁבְעַת יָמִים תָּחֹג לַה' אֱלֹהֶיךָ בַּמָּקוֹם אֲשֶׁר יִבְחַר ה' כִּי יְבָרֶכְךָ ה' אֱלֹהֶיךָ בְּכֹל תְּבוּאָתְךָ וּבְכֹל מַעֲשֵׂה יָדֶיךָ וְהָיִיתָ אַךְ שָׂמֵחַ",[6] ראוי להתבונן במשמעות החיים ולא להיסחף אחר החומרנות שבהם.[7]

## תוכן

המגילה בנויה משנים־עשר פרקים אשר בכל אחד מהם מתוארת תוצאה עגומה אחרת של חיים חסרי משמעות: שעמום, חומרנות, ארעיות, שרירותיות, יומרנות, החמצה, הסחת דעת, כוחנות, שחצנות, טיפשות, עצלנות וילדותיות - זוויות שונות של התפרקות חיי האדם כאשר אלה מנותקים מערכי הנצח היהודיים. בחיבור זה, בנוסף על ביאור המילים והפסוקים, מובא בסופו של כל פרק ניתוח פסיכולוגי־רוחני של תופעות אלו כפי שהן מתגלות בדורנו, לצד הצעות לפתרון - הן בהימנעות מהתנהגות שלילית ('סור מרע') הן באימוץ התנהלות חיובית ('עשה טוב') - כדי להינצל מהן.

## ריקנות

הרעיון המרכזי השזור לאורך המגילה הוא ההצבעה על תחושת חוסר המשמעות המלווה את האדם: "הֲבֵל הֲבָלִים אָמַר קֹהֶלֶת הֲבֵל הֲבָלִים הַכֹּל הָבֶל"[8] - השהות בעולם הזה נדמית כהה, כאוויר חסר ממשות וכתחושת ריקנות עמומה. מהו, אם כן, הפתרון שמציע קהלת? "סוֹף דָּבָר הַכֹּל נִשְׁמָע אֶת הָאֱלֹהִים יְרָא וְאֶת מִצְוֹתָיו שְׁמוֹר כִּי זֶה כָּל הָאָדָם"[9] - דווקא החיבור ליראת שמיים ולאורח חיים תורני־מעשי הוא שמעניק לאדם טעם ומשמעות לחייו.

---

6 דברים טז, טו.

7 מגן אברהם ת"צ, ח; משנה ברורה ס"ק ז.

8 קהלת א, ב.

9 שם יב, יג.

תחושת הריקנות איננה תופעה חדשה, היא מלווה את האנושות משחר ימיה. לאורך הדורות ניסו בני אדם למצוא תחושת משמעות ב'אלילים' שונים - כוחות וערכים חלקיים שדימו לראות בהם חזות הכול והאמינו כי דרכם ימצאו טעם לחייהם: החל מאלה שסגדו לכוחות טבע או לתאוות גסות של הנפש, דרך דתות שהתמקדו בממד הרוחני ותבעו התנזרות מהשאר, וכלה במתמסרים לאידאולוגיות מודרניות חילוניות - חומרנות, לאומיות או סוציאליזם. על כל ניסיונות הנפל הללו למלא את הריק אומרת המגילה: "וְרָאִיתִי אֶת כָּל מַעֲשֵׂה הָאֱלֹהִים כִּי לֹא יוּכַל הָאָדָם לִמְצוֹא אֶת הַמַּעֲשֶׂה אֲשֶׁר נַעֲשָׂה תַחַת הַשֶּׁמֶשׁ בְּשֶׁל אֲשֶׁר יַעֲמֹל הָאָדָם לְבַקֵּשׁ וְלֹא יִמְצָא".[10]

## ריקנות בדורנו

במאה ה־21 הגיעה תחושת הריקנות לשיא חדש. אם בעבר תלו בני אדם את תקוותם באליל כזה או אחר מתוך אמונה שימלא את החלל בנפשם, הרי שכיום גם תקווה זו נגוזה. השבר שהותירו אחריהן מלחמות העולם של המאה הקודמת, יצר קרקע פורייה ללידתו של אליל־על שמנפץ את האלילים כולם - אידיאולוגיית הייאוש מכל האידאולוגיות. תפיסת עולם - שהיא יותר עמדה נפשית מאשר פילוסופיה הכרתית - שאין שום תפיסת עולם. נוהגים לכנות את האליל־ללא־פנים בשם פוסט־מודרניזם (בתר־מודרניזם). לא רק הדת היא נחלת העבר אלא גם העולם המודרני. קיים חוסר אמון בשכל האנושי. הערכים אינם תקפים. אין אמת אובייקטיבית. לעיתים נדמה שאין כלום מלבד "מוות שחור דומם וקר".[11] בתורת הסוד היהודית נזקים תרבותיים מכונים 'שדים' (מלשון החיסרון וה'די' שהם גורמים לעולם). ישנם שדים קטנים וישנו מלך השדים שמכונה 'אשמדאי',[12] מלשון השמדה. תפיסת־על פגומה השולטת באופן תת־הכרתי על התודעה האנושית.

10 שם ח, יז.

11 אורות, למהלך האידיאות בישראל ב.

12 גיטין סח ע"א.

הפוסט־מודרניזם הוא פירוק של החיבורים כולם: פירוק של המשפחה, של הרציונל והמוסר האנושי, של הסדר החברתי. אין כיוון, אין טוב ורע, אין תקווה. או במילים אחרות: אין אלוהים. הפירוק יכול לבוא לידי ביטוי בשבירה של ערכים, בתחושות דיכאון, בחרדה, בחוסר ריכוז, בשמיעת מוזיקה מקוטעת ולא קוהרנטית, בהליכה לא יציבה ובבדידות. במובנים מסוימים הפוסט־מודרניזם הוא סוג של התאבדות: לאומית, ערכית, משפחתית ואישית. כל אלה מתוארים במגילה בתיאור נוקב שנדמה כלקוח ממהדורת החדשות של זמננו.

## המענה של קהלת

במדרשי חז"ל[13] מסופר על גיבור אחד שמסוגל להכריע את אשמדאי - שלמה המלך! מנהיג שלם המולך על עיר קסומה ומושלמת: 'יראו־שלם'. התפילה "חדש ימינו כקדם" היא הכמיהה להשבתו של עידן שבו המסורת היהודית איננה רק תיאוריה חלושה, אלא שלטת - כבימיו של שלמה המלך שבהם "יְהוּדָה וְיִשְׂרָאֵל רַבִּים כַּחוֹל אֲשֶׁר עַל הַיָּם לָרֹב אֹכְלִים וְשֹׁתִים וּשְׂמֵחִים".[14] התשובה של קהלת למאה ה־21 היא תורה קיומית: "כִּי לְאָדָם שֶׁטּוֹב לְפָנָיו נָתַן חָכְמָה וְדַעַת וְשִׂמְחָה".[15]

המענה לפוסט־מודרניזם הוא חיבור למשהו גדול מאיתנו. ה'פוסט' כשלעצמו הוא שלילי אולם הוא מציף צורך נפשי בשייכות ובקיומיות. כאשר צרכים אלו אינם נענים, הם הופכים לחור שחור שבולע את הכול. בעולם שנדמה נטול כיוון, האדם חש תלוש, מיואש ובודד. ומכאן קצרה הדרך להתפרקות על צורותיה השונות. הפתרון טמון בגילוי מחודש של תחושת השייכות, התקווה, הוודאות והשמחה. במילים אחרות: למצוא מחדש את אלוהים.

המושג 'אלוהים' הוא מושג נרדף לאותו קול קיומי שלוחש באוזני

13 ירושלמי סנהדרין ב, הלכה ו, ועוד.
14 מלכים א' ד, כ.
15 קהלת ב, כו.

שיש ממד מהותי ואין־סופי בחיי; שיש כיוון שאֵליו אנו הולכים ללא הרף (המילה אלוהים היא ריבוי של המילה אֵל). זהו קול שהתרבות החילונית בת זמננו מנסה להשתיק בכל דרך אפשרית, אך לשווא. הסיבה שמיליוני ישראלים מתקרבים למסורת או מאזינים ל'פופ אמוני' פשוטה: רבים חשים באופן אינטואיטיבי שבתכנים מהסוג הזה יש אמירה - ערך מוסף לחיים מעבר לרדיפה אחר חומרנות, קטנוניות, תחרותיות ושנאה. יש משהו עילאי בקיום שלנו. יש טוב. יש צדק. יש בשביל מה לחיות.

ממרחק אלפי שנים מצביע שלמה המלך במגילת קהלת על הפתרון: "שְׂמַח בָּחוּר בְּיַלְדוּתֶיךָ וִיטִיבְךָ לִבְּךָ בִּימֵי בְחוּרוֹתֶךָ וְהַלֵּךְ בְּדַרְכֵי לִבְּךָ וּבְמַרְאֵי עֵינֶיךָ, וְדָע כִּי עַל כָּל אֵלֶּה יְבִיאֲךָ הָאֱלֹהִים בַּמִּשְׁפָּט"[16] - החיים נפלאים בתנאי שהם מחוברים למשמעות ולמשפט אלוהים.

## קהלת ביום־יום

מה גורם לגבר למצוא עצמו בלילה צופה בתכנים שאינם צנועים? יש, כמובן, הסברים חיצוניים רבים: הנגישות הטכנולוגית לתכנים פרוצים; אי־הבנה של מושג הצניעות; והחפצת האישה כאובייקט מיני. ואולם, מאחורי כל אלו קיים מניע עמוק וקיומי הרבה יותר. האווירה התרבותית שבה חי הגבר במאה ה־21 משדרת לו שחייו הם שממה אחת גדולה. הוא תופס את עצמו כאפרורי וממוצע: יום אחר יום באותה עבודה, באותה שגרה, עם אותה משפחה. השגרה הולכת ומתעמעמת בזמן שעולם המדיה מסביב מציף אותו בפנטזיות קסומות. בשלב כלשהו הוא מגלה שיש מקום שבו הוא חש תחושת התחדשות - ולו לרגע קצר. שניות בודדות של חשיפה לתכנים מסוג מסוים מעניקות לו פרץ של אדרנלין משכר ותחושת התמזגות עם עצמו. בשניות אלו אין עבר, אין עתיד, אין מחשבה על ההשלכות, אלא רק תחושת עונג חריפה שיוצרת אשליה

16 קהלת יא, ט.

של טוטאליות חיים עכשווית. הצורך הזה חזק יותר מכל בושה חברתית, מכל מגבלה מוסרית או דתית.

המענה השורשי לתופעה זו - מעבר לסינון תכנים, לימוד, תוכניות גמילה וכדומה - הוא חיבור לחוויית חיים טוטאלית רחבה ועמוקה יותר. חיים שבהם האדם חש סיפוק וודאות בכל רגע נתון. במילים פשוטות: למצוא את אלוהים בחיינו. זו עסקת חבילה של פיתוח תודעה אמונית, נמרצות גופנית, מסגרת משפחתית בריאה, יצירה חיובית, ועוד. כפי שכתוב: "הִנֵּה אֲשֶׁר רָאִיתִי אָנִי טוֹב, אֲשֶׁר יָפֶה לֶאֱכוֹל וְלִשְׁתּוֹת וְלִרְאוֹת טוֹבָה בְּכָל עֲמָלוֹ שֶׁיַּעֲמֹל תַּחַת הַשֶּׁמֶשׁ מִסְפַּר יְמֵי חַיָּיו אֲשֶׁר נָתַן לוֹ הָאֱלֹהִים, כִּי הוּא חֶלְקוֹ".[17]

מדוע נערה צעירה מעלה תכנים לאינסטגרם או לטיק־טוק באובססיביות? היעדר צנעת הפרט, שעמום, אופנה חברתית ולעיתים אף תגמול כלכלי - הם רק קצה הקרחון של צורך קיומי נואש: אני נערה חסרת ייחוד, כך היא חשה. לא יפה במיוחד, לא מוכשרת מעל הממוצע, ניצבת בשולי המעגל החברתי. אבל כאשר תמונות מסוימות שלי עולות לרשת החברתית, אני מקבלת לפתע את מה שהייתי צמאה לו כל כך - הכרה. אני נעטפת ב'לייקים' חמימים שמתורגמים בטעות לאהבה ולשייכות. אך גם כאן, הפתרון איננו בהרצאת מוסר ואף לא בחסימת חשבון האינסטגרם. מה שנדרש הוא חידוד תודעתי ורצף של פעולות מעשיות שיטמיעו בנפש את הטוב שבי ובמקום שבו אני מצויה, גם מבלי לקבץ נדבות באופן וירטואלי.

הכלל הזה תקף גם בזמנים של אתגרים ציבוריים: מה מעניק חוסן נפשי בזמן התפרצות מגפה, כאוס חברתי או מלחמה? היכולת למצוא את מקומנו בעולמו של הקדוש ברוך הוא גם בזמן קריסת מערכות, אורך רוח, מבט רחב ותקווה לעתיד. כל אלה הם הכוחות הנדרשים:

---

17 קהלת ה, יז.

"לֵךְ אֱכֹל בְּשִׂמְחָה לַחְמֶךָ, וּשְׁתֵה בְלֶב טוֹב יֵינֶךָ, כִּי כְבָר רָצָה הָאֱלֹהִים אֶת מַעֲשֶׂיךָ... כֹּל אֲשֶׁר תִּמְצָא יָדְךָ לַעֲשׂוֹת בְּכֹחֲךָ עֲשֵׂה".[18]

## לא בידור ולא פילוסופיה

הניסיון לנצח את התרבות החילונית במגרש שלה לא יצלח. הופעות בידור או סרטונים בעלי תוכן יהודי - נוצצים, דיגיטליים ומתחכמים ככל שיהיו - לעולם לא יוכלו להתחרות בנטפליקס או בדיסני. הדרך היחידה לנצח היא לא להתחרות על אותה במה אלא לעקוף את מחסום הדמיון, הרגש והשכלתנות, ולגעת בנקודה הקיומית החסרה ביותר לבני המאה ה־21. מה שהתרבות החילונית - על כל רעשיה, פיתוייה ואף ערכיה הטובים - לעולם לא תוכל להעניק: משמעות!

אמונה באלוהים במאה שלנו אינה נעה על הציר הפילוסופי או האידאולוגי. תהיות כדוגמת "האם יש אלוהים?", "כיצד מתיישבים פסוקי בראשית עם תורת האבולוציה?", או "מדוע נצטווינו למחות את עמלק?" מעניינות כיום, אם בכלל, רק את הסבתא. פשוטו כמשמעו. צעירים בני זמננו עומדים מול הורים ומורים מהמאה הקודמת לא בעמדת ניגוח שכלתנית אלא ניצבים מולם במבט זגוגי תוהה: "מה אתם רוצים מחיי?". מגילת קהלת פונה לכיוון אחר. הפתרון שהיא מציעה הוא חשיפה של תוכן יהודי־קיומי: כיצד אפשר בכל רגע נתון לגעת במשמעות של ההווה הקיים מבלי לדמיין ולו לרגע עולם אחר מעולמנו הנוכחי. מדובר באימון מתמיד של הנפש שנעשה בשילוב דרכים: הקפדה על ההלכה ולימוד תכנים כדוגמת ביאור זה; נשימות עמוקות; סידור החדר; שליטה בגוף ובקרה באכילה; טיפוח תחושת שייכות למסגרת משפחתית, חינוכית ולאומית; שמיעת מוזיקה הרואית; ושליטה בדמיון. "לַכֹּל זְמָן וְעֵת לְכָל חֵפֶץ תַּחַת הַשָּׁמָיִם, עֵת לָלֶדֶת וְעֵת לָמוּת, עֵת לָטַעַת וְעֵת לַעֲקוֹר נָטוּעַ".[19]

---

18 קהלת ט, ז-יב.

19 קהלת ג, א-ב.

## תקווה

אמונתו של קהלת מוסיפה מרכיבים חיוניים לנפשו המסוכסכת של בן המאה ה־21: תקווה ואופטימיות. בניגוד לפוסט־מודרניזם, שמשדר ייאוש ואבדון, אנו מעמידים אלטרנטיבה של ראיית טוב, חיוניות ושמחה. הצבעה על כשלי התרבות לבדה עלולה לשדר פסימיות - מעין קרב מאסף של אבירים אמיצים ההולכים למות על משמרתם, בעת כוחות האופל שוטפים את העולם. לעומת זאת, תורה קיומית נוגעת במכנה המשותף של כולנו: אנחנו לא לבד במאבק הזה. לא נועדנו להפסיד, אלא לנצח! לא משנה כמה רוע חווינו, אנו יודעים שבסופו של דבר יש טוב בעולם הזה. אנחנו ננצח את אשמדאי, כי בני אדם, בסופו של דבר, אינם מחפשים פירוק - אלא חיבור. "סוֹף דָּבָר הַכֹּל נִשְׁמָע אֶת הָאֱלֹהִים יְרָא וְאֶת מִצְוֹתָיו שְׁמוֹר, כִּי זֶה כָּל הָאָדָם".[20]

## להיקהל על נפשנו

הימים שבהם נכתב הביאור על מגילת קהלת היו ימי מלחמת "חרבות ברזל", שפרצה בשמחת תורה תשפ"ד. בימים הללו היה פיתוי אדיר לשקוע בתחושת אבדון וייאוש. קריסת הסדרים - לא רק הציבוריים אלא גם הנפשיים - ביקשה התכנסות פנימה. בעת שבה היה נדמה שהעולם הישן נשטף, לא היה מנוס מלחפש אחר עולם חדש. הלימוד במגילה אפשר לי ולתלמידיי, שרבים מהם נלחמו ונפגעו במערכה, להיקהל על נפשנו, להתכנס פנימה אל אותה נקודת משמעות שנותנת טעם ותכלית לחיינו ובעבורה אנו נלחמים.

מקווה שגם הצלחנו.

חגי לונדין, שדרות
תמוז תשפ"ה

20 קהלת יב, יג.

# מגילת קהלת

# קהלת

א

א ב דִּבְרֵי קֹהֶלֶת בֶּן־דָּוִד מֶלֶךְ בִּירוּשָׁלָםִ׃ הֲבֵל הֲבָלִים
ג אָמַר קֹהֶלֶת הֲבֵל הֲבָלִים הַכֹּל הָבֶל׃ מַה־יִּתְרוֹן
ד לָאָדָם בְּכָל־עֲמָלוֹ שֶׁיַּעֲמֹל תַּחַת הַשָּׁמֶשׁ׃ דּוֹר הֹלֵךְ
ה וְדוֹר בָּא וְהָאָרֶץ לְעוֹלָם עֹמָדֶת׃ וְזָרַח הַשֶּׁמֶשׁ וּבָא
ו הַשָּׁמֶשׁ וְאֶל־מְקוֹמוֹ שׁוֹאֵף זוֹרֵחַ הוּא שָׁם׃ הוֹלֵךְ
אֶל־דָּרוֹם וְסוֹבֵב אֶל־צָפוֹן סוֹבֵב ׀ סֹבֵב הוֹלֵךְ הָרוּחַ
ז וְעַל־סְבִיבֹתָיו שָׁב הָרוּחַ׃ כָּל־הַנְּחָלִים הֹלְכִים אֶל־
הַיָּם וְהַיָּם אֵינֶנּוּ מָלֵא אֶל־מְקוֹם שֶׁהַנְּחָלִים הֹלְכִים
ח שָׁם הֵם שָׁבִים לָלָכֶת׃ כָּל־הַדְּבָרִים יְגֵעִים לֹא־יוּכַל
אִישׁ לְדַבֵּר לֹא־תִשְׂבַּע עַיִן לִרְאוֹת וְלֹא־תִמָּלֵא
ט אֹזֶן מִשְּׁמֹעַ׃ מַה־שֶּׁהָיָה הוּא שֶׁיִּהְיֶה וּמַה־שֶּׁנַּעֲשָׂה
י הוּא שֶׁיֵּעָשֶׂה וְאֵין כָּל־חָדָשׁ תַּחַת הַשָּׁמֶשׁ׃ יֵשׁ דָּבָר
שֶׁיֹּאמַר רְאֵה־זֶה חָדָשׁ הוּא כְּבָר הָיָה לְעֹלָמִים אֲשֶׁר
יא הָיָה מִלְּפָנֵנוּ׃ אֵין זִכְרוֹן לָרִאשֹׁנִים וְגַם לָאַחֲרֹנִים
שֶׁיִּהְיוּ לֹא־יִהְיֶה לָהֶם זִכָּרוֹן עִם שֶׁיִּהְיוּ לָאַחֲרֹנָה׃
יב יג אֲנִי קֹהֶלֶת הָיִיתִי מֶלֶךְ עַל־יִשְׂרָאֵל בִּירוּשָׁלָםִ׃ וְנָתַתִּי

אֶת־לִבִּי לִדְרוֹשׁ וְלָתוּר בַּחָכְמָה עַל כָּל־אֲשֶׁר נַעֲשָׂה
תַּחַת הַשָּׁמָיִם הוּא ׀ עִנְיַן רָע נָתַן אֱלֹהִים לִבְנֵי הָאָדָם
יד לַעֲנוֹת בּוֹ׃ רָאִיתִי אֶת־כָּל־הַמַּעֲשִׂים שֶׁנַּעֲשׂוּ תַּחַת
טו הַשָּׁמֶשׁ וְהִנֵּה הַכֹּל הֶבֶל וּרְעוּת רוּחַ׃ מְעֻוָּת לֹא־יוּכַל
טז לִתְקֹן וְחֶסְרוֹן לֹא־יוּכַל לְהִמָּנוֹת׃ דִּבַּרְתִּי אֲנִי עִם־
לִבִּי לֵאמֹר אֲנִי הִנֵּה הִגְדַּלְתִּי וְהוֹסַפְתִּי חָכְמָה עַל
כָּל־אֲשֶׁר־הָיָה לְפָנַי עַל־יְרוּשָׁלִָם וְלִבִּי רָאָה הַרְבֵּה
יז חָכְמָה וָדָעַת׃ וָאֶתְּנָה לִבִּי לָדַעַת חָכְמָה וְדַעַת
יח הוֹלֵלוֹת וְשִׂכְלוּת יָדַעְתִּי שֶׁגַּם־זֶה הוּא רַעְיוֹן רוּחַ׃ כִּי
בְּרֹב חָכְמָה רָב־כָּעַס וְיוֹסִיף דַּעַת יוֹסִיף מַכְאוֹב׃
ב א אָמַרְתִּי אֲנִי בְּלִבִּי לְכָה־נָּא אֲנַסְּכָה בְשִׂמְחָה וּרְאֵה
ב בְטוֹב וְהִנֵּה גַם־הוּא הָבֶל׃ לִשְׂחוֹק אָמַרְתִּי מְהוֹלָל
ג וּלְשִׂמְחָה מַה־זֹּה עֹשָׂה׃ תַּרְתִּי בְלִבִּי לִמְשׁוֹךְ בַּיַּיִן
אֶת־בְּשָׂרִי וְלִבִּי נֹהֵג בַּחָכְמָה וְלֶאֱחֹז בְּסִכְלוּת עַד
אֲשֶׁר־אֶרְאֶה אֵי־זֶה טוֹב לִבְנֵי הָאָדָם אֲשֶׁר יַעֲשׂוּ
ד תַּחַת הַשָּׁמַיִם מִסְפַּר יְמֵי חַיֵּיהֶם׃ הִגְדַּלְתִּי מַעֲשָׂי
ה בָּנִיתִי לִי בָּתִּים נָטַעְתִּי לִי כְּרָמִים׃ עָשִׂיתִי לִי גַּנּוֹת
ו וּפַרְדֵּסִים וְנָטַעְתִּי בָהֶם עֵץ כָּל־פֶּרִי׃ עָשִׂיתִי לִי
ז בְּרֵכוֹת מָיִם לְהַשְׁקוֹת מֵהֶם יַעַר צוֹמֵחַ עֵצִים׃ קָנִיתִי
עֲבָדִים וּשְׁפָחוֹת וּבְנֵי־בַיִת הָיָה לִי גַּם מִקְנֶה בָקָר
וָצֹאן הַרְבֵּה הָיָה לִי מִכֹּל שֶׁהָיוּ לְפָנַי בִּירוּשָׁלִָם׃

ח כָּנַ֤סְתִּי לִי֙ גַּם־כֶּ֣סֶף וְזָהָ֔ב וּסְגֻלַּ֥ת מְלָכִ֖ים וְהַמְּדִינ֑וֹת
עָשִׂ֨יתִי לִ֜י שָׁרִ֣ים וְשָׁר֗וֹת וְתַעֲנוּגֹ֛ת בְּנֵ֥י הָאָדָ֖ם שִׁדָּ֥ה
ט וְשִׁדּֽוֹת׃ וְגָדַ֣לְתִּי וְהוֹסַ֔פְתִּי מִכֹּ֛ל שֶׁהָיָ֥ה לְפָנַ֖י בִּירוּשָׁלִָ֑ם
י אַ֥ף חָכְמָתִ֖י עָ֥מְדָה לִּֽי׃ וְכֹל֙ אֲשֶׁ֣ר שָׁאֲל֣וּ עֵינַ֔י לֹ֥א
אָצַ֖לְתִּי מֵהֶ֑ם לֹֽא־מָנַ֨עְתִּי אֶת־לִבִּ֜י מִכָּל־שִׂמְחָ֗ה כִּֽי־
לִבִּ֤י שָׂמֵ֙חַ֙ מִכָּל־עֲמָלִ֔י וְזֶֽה־הָיָ֥ה חֶלְקִ֖י מִכָּל־עֲמָלִֽי׃
יא וּפָנִ֣יתִֽי אֲנִ֗י בְּכָל־מַעֲשַׂי֙ שֶׁעָשׂ֣וּ יָדַ֔י וּבֶֽעָמָ֖ל שֶׁעָמַ֣לְתִּי
לַעֲשׂ֑וֹת וְהִנֵּ֨ה הַכֹּ֥ל הֶ֙בֶל֙ וּרְע֣וּת ר֔וּחַ וְאֵ֥ין יִתְר֖וֹן
יב תַּ֥חַת הַשָּֽׁמֶשׁ׃ וּפָנִ֤יתִֽי אֲנִי֙ לִרְא֣וֹת חָכְמָ֔ה וְהוֹלֵל֖וֹת
וְסִכְל֑וּת כִּ֣י ׀ מֶ֣ה הָאָדָ֗ם שֶׁיָּבוֹא֙ אַחֲרֵ֣י הַמֶּ֔לֶךְ אֵ֖ת
יג אֲשֶׁר־כְּבָ֥ר עָשֽׂוּהוּ׃ וְרָאִ֣יתִי אָ֔נִי שֶׁיֵּ֥שׁ יִתְר֛וֹן לַֽחָכְמָ֖ה
יד מִן־הַסִּכְל֑וּת כִּיתְר֥וֹן הָא֖וֹר מִן־הַחֹֽשֶׁךְ׃ הֶחָכָם֙ עֵינָ֣יו
בְּרֹאשׁ֔וֹ וְהַכְּסִ֖יל בַּחֹ֣שֶׁךְ הוֹלֵ֑ךְ וְיָדַ֣עְתִּי גַם־אָ֔נִי
טו שֶׁמִּקְרֶ֥ה אֶחָ֖ד יִקְרֶ֥ה אֶת־כֻּלָּֽם׃ וְאָמַ֨רְתִּי אֲנִ֜י בְּלִבִּ֗י
כְּמִקְרֵ֤ה הַכְּסִיל֙ גַּם־אֲנִ֣י יִקְרֵ֔נִי וְלָ֧מָּה חָכַ֛מְתִּי אֲנִ֖י אָ֣ז
טז יֹתֵ֑ר וְדִבַּ֣רְתִּי בְלִבִּ֔י שֶׁגַּם־זֶ֖ה הָֽבֶל׃ כִּי֩ אֵ֨ין זִכְר֧וֹן לֶחָכָ֛ם
עִם־הַכְּסִ֖יל לְעוֹלָ֑ם בְּשֶׁכְּבָ֞ר הַיָּמִ֤ים הַבָּאִים֙ הַכֹּ֣ל
יז נִשְׁכָּ֔ח וְאֵ֛יךְ יָמ֥וּת הֶחָכָ֖ם עִם־הַכְּסִֽיל׃ וְשָׂנֵ֙אתִי֙ אֶת־
הַחַיִּ֔ים כִּ֣י רַ֤ע עָלַי֙ הַֽמַּעֲשֶׂ֔ה שֶׁנַּעֲשָׂ֖ה תַּ֣חַת הַשָּׁ֑מֶשׁ
יח כִּֽי־הַכֹּ֥ל הֶ֖בֶל וּרְע֥וּת רֽוּחַ׃ וְשָׂנֵ֤אתִֽי אֲנִי֙ אֶת־כָּל־
עֲמָלִ֔י שֶׁאֲנִ֥י עָמֵ֖ל תַּ֣חַת הַשָּׁ֑מֶשׁ שֶׁאַנִּיחֶ֕נּוּ לָאָדָ֖ם

יט שֶׁיִּהְיֶה אַחֲרָי׃ וּמִי יוֹדֵעַ הֶחָכָם יִהְיֶה אוֹ סָכָל וְיִשְׁלַט
בְּכָל־עֲמָלִי שֶׁעָמַלְתִּי וְשֶׁחָכַמְתִּי תַּחַת הַשָּׁמֶשׁ
כ גַּם־זֶה הָבֶל׃ וְסַבּוֹתִי אֲנִי לְיַאֵשׁ אֶת־לִבִּי עַל כָּל־
כא הֶעָמָל שֶׁעָמַלְתִּי תַּחַת הַשָּׁמֶשׁ׃ כִּי־יֵשׁ אָדָם שֶׁעֲמָלוֹ
בְּחָכְמָה וּבְדַעַת וּבְכִשְׁרוֹן וּלְאָדָם שֶׁלֹּא עָמַל־
כב בּוֹ יִתְּנֶנּוּ חֶלְקוֹ גַּם־זֶה הֶבֶל וְרָעָה רַבָּה׃ כִּי מֶה־
הֹוֶה לָאָדָם בְּכָל־עֲמָלוֹ וּבְרַעְיוֹן לִבּוֹ שֶׁהוּא עָמֵל
כג תַּחַת הַשָּׁמֶשׁ׃ כִּי כָל־יָמָיו מַכְאֹבִים וָכַעַס עִנְיָנוֹ גַּם־
כד בַּלַּיְלָה לֹא־שָׁכַב לִבּוֹ גַּם־זֶה הֶבֶל הוּא׃ אֵין־טוֹב
בָּאָדָם שֶׁיֹּאכַל וְשָׁתָה וְהֶרְאָה אֶת־נַפְשׁוֹ טוֹב בַּעֲמָלוֹ
כה גַּם־זֹה רָאִיתִי אָנִי כִּי מִיַּד הָאֱלֹהִים הִיא׃ כִּי מִי
כו יֹאכַל וּמִי יָחוּשׁ חוּץ מִמֶּנִּי׃ כִּי לְאָדָם שֶׁטּוֹב לְפָנָיו
נָתַן חָכְמָה וְדַעַת וְשִׂמְחָה וְלַחוֹטֶא נָתַן עִנְיָן לֶאֱסֹף
וְלִכְנוֹס לָתֵת לְטוֹב לִפְנֵי הָאֱלֹהִים גַּם־זֶה הֶבֶל וּרְעוּת
**ג** א רוּחַ׃ לַכֹּל זְמָן וְעֵת לְכָל־חֵפֶץ תַּחַת הַשָּׁמָיִם׃
ב עֵת לָלֶדֶת וְעֵת לָמוּת
עֵת לָטַעַת וְעֵת לַעֲקוֹר נָטוּעַ׃
ג עֵת לַהֲרוֹג וְעֵת לִרְפּוֹא
עֵת לִפְרוֹץ וְעֵת לִבְנוֹת׃
ד עֵת לִבְכּוֹת וְעֵת לִשְׂחוֹק
עֵת סְפוֹד וְעֵת רְקוֹד׃

ה עֵ֚ת לְהַשְׁלִ֣יךְ אֲבָנִ֔ים וְעֵ֖ת כְּנ֣וֹס אֲבָנִ֑ים
עֵ֣ת לַחֲב֔וֹק וְעֵ֖ת לִרְחֹ֥ק מֵחַבֵּֽק׃
ו עֵ֤ת לְבַקֵּשׁ֙ וְעֵ֣ת לְאַבֵּ֔ד
עֵ֥ת לִשְׁמ֖וֹר וְעֵ֥ת לְהַשְׁלִֽיךְ׃
ז עֵ֤ת לִקְר֙וֹעַ֙ וְעֵ֣ת לִתְפּ֔וֹר
עֵ֥ת לַחֲשׁ֖וֹת וְעֵ֥ת לְדַבֵּֽר׃
ח עֵ֚ת לֶֽאֱהֹב֙ וְעֵ֣ת לִשְׂנֹ֔א
עֵ֥ת מִלְחָמָ֖ה וְעֵ֥ת שָׁלֽוֹם׃
ט י מַה־יִּתְר֙וֹן֙ הָֽעוֹשֶׂ֔ה בַּאֲשֶׁ֖ר ה֥וּא עָמֵֽל׃ רָאִ֧יתִי אֶת־
הָֽעִנְיָ֗ן אֲשֶׁ֨ר נָתַ֧ן אֱלֹהִ֛ים לִבְנֵ֥י הָאָדָ֖ם לַעֲנ֥וֹת בּֽוֹ׃
יא אֶת־הַכֹּ֥ל עָשָׂ֖ה יָפֶ֣ה בְעִתּ֑וֹ גַּ֤ם אֶת־הָעֹלָם֙ נָתַ֣ן בְּלִבָּ֔ם
מִבְּלִ֞י אֲשֶׁ֧ר לֹא־יִמְצָ֣א הָאָדָ֗ם אֶת־הַמַּעֲשֶׂה֙ אֲשֶׁר־
יב עָשָׂ֣ה הָאֱלֹהִ֔ים מֵרֹ֖אשׁ וְעַד־סֽוֹף׃ יָדַ֕עְתִּי כִּ֛י אֵ֥ין ט֖וֹב
יג בָּ֑ם כִּ֣י אִם־לִשְׂמ֔וֹחַ וְלַעֲשׂ֥וֹת ט֖וֹב בְּחַיָּֽיו׃ וְגַ֤ם כָּל־ ב
הָאָדָם֙ שֶׁיֹּאכַ֣ל וְשָׁתָ֔ה וְרָאָ֥ה ט֖וֹב בְּכָל־עֲמָל֑וֹ מַ֥תַּת
יד אֱלֹהִ֖ים הִֽיא׃ יָדַ֗עְתִּי כִּ֠י כָּל־אֲשֶׁ֨ר יַעֲשֶׂ֤ה הָֽאֱלֹהִים֙
ה֚וּא יִהְיֶ֣ה לְעוֹלָ֔ם עָלָיו֙ אֵ֣ין לְהוֹסִ֔יף וּמִמֶּ֖נּוּ אֵ֣ין לִגְר֑וֹעַ
טו וְהָאֱלֹהִ֣ים עָשָׂ֔ה שֶׁיִּֽרְא֖וּ מִלְּפָנָֽיו׃ מַה־שֶּֽׁהָיָה֙ כְּבָ֣ר
ה֔וּא וַאֲשֶׁ֥ר לִהְי֖וֹת כְּבָ֣ר הָיָ֑ה וְהָאֱלֹהִ֖ים יְבַקֵּ֥שׁ אֶת־
טז נִרְדָּֽף׃ וְע֥וֹד רָאִ֖יתִי תַּ֣חַת הַשָּׁ֑מֶשׁ מְק֤וֹם הַמִּשְׁפָּט֙
יז שָׁ֣מָּה הָרֶ֔שַׁע וּמְק֥וֹם הַצֶּ֖דֶק שָׁ֥מָּה הָרָֽשַׁע׃ אָמַ֤רְתִּי

אֲנִי֙ בְּלִבִּ֔י אֶת־הַצַּדִּיק֙ וְאֶת־הָ֣רָשָׁ֔ע יִשְׁפֹּ֖ט הָאֱלֹהִ֑ים
יח כִּי־עֵ֣ת לְכָל־חֵ֔פֶץ וְעַ֥ל כָּל־הַֽמַּעֲשֶׂ֖ה שָֽׁם׃ אָמַ֤רְתִּֽי
אֲנִי֙ בְּלִבִּ֔י עַל־דִּבְרַת֙ בְּנֵ֣י הָֽאָדָ֔ם לְבָרָ֖ם הָאֱלֹהִ֑ים
יט וְלִרְא֕וֹת שְׁהֶם־בְּהֵמָ֥ה הֵ֖מָּה לָהֶֽם׃ כִּי֩ מִקְרֶ֨ה בְנֵֽי־
הָאָדָ֜ם וּמִקְרֶ֣ה הַבְּהֵמָ֗ה וּמִקְרֶ֤ה אֶחָד֙ לָהֶ֔ם כְּמ֥וֹת זֶה֙
כֵּ֣ן מ֣וֹת זֶ֔ה וְר֥וּחַ אֶחָ֖ד לַכֹּ֑ל וּמוֹתַ֨ר הָאָדָ֤ם מִן־הַבְּהֵמָה֙
כ אָ֔יִן כִּ֥י הַכֹּ֖ל הָֽבֶל׃ הַכֹּ֥ל הוֹלֵ֖ךְ אֶל־מָק֣וֹם אֶחָ֑ד הַכֹּל֙
כא הָיָ֣ה מִן־הֶֽעָפָ֔ר וְהַכֹּ֖ל שָׁ֥ב אֶל־הֶעָפָֽר׃ מִ֣י יוֹדֵ֗עַ ר֚וּחַ
בְּנֵ֣י הָֽאָדָ֔ם הָעֹלָ֥ה הִ֖יא לְמָ֑עְלָה וְר֙וּחַ֙ הַבְּהֵמָ֔ה הַיֹּרֶ֥דֶת
כב הִ֖יא לְמַ֥טָּה לָאָֽרֶץ׃ וְרָאִ֗יתִי כִּ֣י אֵ֥ין טוֹב֙ מֵאֲשֶׁ֨ר יִשְׂמַ֤ח
הָֽאָדָם֙ בְּמַעֲשָׂ֔יו כִּי־ה֖וּא חֶלְק֑וֹ כִּ֣י מִ֤י יְבִיאֶ֙נּוּ֙ לִרְא֔וֹת
ד א בְּמֶ֖ה שֶׁיִּהְיֶ֥ה אַחֲרָֽיו׃ וְשַׁ֣בְתִּֽי אֲנִ֗י וָאֶרְאֶה֙ אֶת־כָּל־
הָ֣עֲשֻׁקִ֔ים אֲשֶׁ֥ר נַעֲשִׂ֖ים תַּ֣חַת הַשָּׁ֑מֶשׁ וְהִנֵּ֣ה ׀ דִּמְעַ֣ת
הָעֲשֻׁקִ֗ים וְאֵ֤ין לָהֶם֙ מְנַחֵ֔ם וּמִיַּ֤ד עֹֽשְׁקֵיהֶם֙ כֹּ֔חַ וְאֵ֥ין
ב לָהֶ֖ם מְנַחֵֽם׃ וְשַׁבֵּ֧חַ אֲנִ֛י אֶת־הַמֵּתִ֖ים שֶׁכְּבָ֣ר מֵ֑תוּ
ג מִן־הַ֣חַיִּ֔ים אֲשֶׁ֛ר הֵ֥מָּה חַיִּ֖ים עֲדֶֽנָה׃ וְטוֹב֙ מִשְּׁנֵיהֶ֔ם
אֵ֥ת אֲשֶׁר־עֲדֶ֖ן לֹ֣א הָיָ֑ה אֲשֶׁ֤ר לֹֽא־רָאָה֙ אֶת־הַמַּעֲשֶׂ֣ה
ד הָרָ֔ע אֲשֶׁ֥ר נַעֲשָׂ֖ה תַּ֥חַת הַשָּֽׁמֶשׁ׃ וְרָאִ֨יתִי אֲנִ֜י אֶת־
כָּל־עָמָ֗ל וְאֵת֙ כָּל־כִּשְׁר֣וֹן הַֽמַּעֲשֶׂ֔ה כִּ֛י הִ֥יא קִנְאַת־
ה אִ֖ישׁ מֵרֵעֵ֑הוּ גַּם־זֶ֥ה הֶ֖בֶל וּרְע֥וּת רֽוּחַ׃ הַכְּסִיל֙ חֹבֵ֣ק
ו אֶת־יָדָ֔יו וְאֹכֵ֖ל אֶת־בְּשָׂרֽוֹ׃ ט֕וֹב מְלֹ֥א כַ֖ף נָ֑חַת מִמְּלֹ֥א

ז חָפְנָיִם עָמָל וּרְעוּת רוּחַ׃ וְשַׁבְתִּי אֲנִי וָאֶרְאֶה הֶבֶל
ח תַּחַת הַשָּׁמֶשׁ׃ יֵשׁ אֶחָד וְאֵין שֵׁנִי גַּם בֵּן וָאָח אֵין־לוֹ
וְאֵין קֵץ לְכָל־עֲמָלוֹ גַּם־עֵינָיו לֹא־תִשְׂבַּע עֹשֶׁר וּלְמִי ׀ עֵינוֹ
אֲנִי עָמֵל וּמְחַסֵּר אֶת־נַפְשִׁי מִטּוֹבָה גַּם־זֶה הֶבֶל וְעִנְיַן
ט רָע הוּא׃ טוֹבִים הַשְּׁנַיִם מִן־הָאֶחָד אֲשֶׁר יֵשׁ־לָהֶם
י שָׂכָר טוֹב בַּעֲמָלָם׃ כִּי אִם־יִפֹּלוּ הָאֶחָד יָקִים אֶת־
יא חֲבֵרוֹ וְאִילוֹ הָאֶחָד שֶׁיִּפּוֹל וְאֵין שֵׁנִי לַהֲקִימוֹ׃ גַּם
יב אִם־יִשְׁכְּבוּ שְׁנַיִם וְחַם לָהֶם וּלְאֶחָד אֵיךְ יֵחָם׃ וְאִם־
יִתְקְפוֹ הָאֶחָד הַשְּׁנַיִם יַעַמְדוּ נֶגְדּוֹ וְהַחוּט הַמְשֻׁלָּשׁ
יג לֹא בִמְהֵרָה יִנָּתֵק׃ טוֹב יֶלֶד מִסְכֵּן וְחָכָם מִמֶּלֶךְ זָקֵן
יד וּכְסִיל אֲשֶׁר לֹא־יָדַע לְהִזָּהֵר עוֹד׃ כִּי־מִבֵּית הַסּוּרִים
טו יָצָא לִמְלֹךְ כִּי גַּם בְּמַלְכוּתוֹ נוֹלַד רָשׁ׃ רָאִיתִי אֶת־
כָּל־הַחַיִּים הַמְהַלְּכִים תַּחַת הַשָּׁמֶשׁ עִם הַיֶּלֶד הַשֵּׁנִי
טז אֲשֶׁר יַעֲמֹד תַּחְתָּיו׃ אֵין־קֵץ לְכָל־הָעָם לְכֹל אֲשֶׁר־
הָיָה לִפְנֵיהֶם גַּם הָאַחֲרוֹנִים לֹא יִשְׂמְחוּ־בוֹ כִּי־גַם־זֶה
יז הֶבֶל וְרַעְיוֹן רוּחַ׃ שְׁמֹר רגליך כַּאֲשֶׁר תֵּלֵךְ אֶל־בֵּית רַגְלְךָ
הָאֱלֹהִים וְקָרוֹב לִשְׁמֹעַ מִתֵּת הַכְּסִילִים זָבַח כִּי־אֵינָם
ה א יוֹדְעִים לַעֲשׂוֹת רָע׃ אַל־תְּבַהֵל עַל־פִּיךָ וְלִבְּךָ אַל־
יְמַהֵר לְהוֹצִיא דָבָר לִפְנֵי הָאֱלֹהִים כִּי הָאֱלֹהִים
בַּשָּׁמַיִם וְאַתָּה עַל־הָאָרֶץ עַל־כֵּן יִהְיוּ דְבָרֶיךָ מְעַטִּים׃
ב כִּי בָּא הַחֲלוֹם בְּרֹב עִנְיָן וְקוֹל כְּסִיל בְּרֹב דְּבָרִים׃

ג כַּאֲשֶׁר תִּדֹּר נֶדֶר לֵאלֹהִים אַל־תְּאַחֵר לְשַׁלְּמוֹ כִּי
ד אֵין חֵפֶץ בַּכְּסִילִים אֵת אֲשֶׁר־תִּדֹּר שַׁלֵּם׃ טוֹב אֲשֶׁר
ה לֹא־תִדֹּר מִשֶּׁתִּדּוֹר וְלֹא תְשַׁלֵּם׃ אַל־תִּתֵּן אֶת־פִּיךָ
לַחֲטִיא אֶת־בְּשָׂרֶךָ וְאַל־תֹּאמַר לִפְנֵי הַמַּלְאָךְ כִּי
שְׁגָגָה הִיא לָמָּה יִקְצֹף הָאֱלֹהִים עַל־קוֹלֶךָ וְחִבֵּל
ו אֶת־מַעֲשֵׂה יָדֶיךָ׃ כִּי בְרֹב חֲלֹמוֹת וַהֲבָלִים וּדְבָרִים
ז הַרְבֵּה כִּי אֶת־הָאֱלֹהִים יְרָא׃ אִם־עֹשֶׁק רָשׁ וְגֵזֶל
מִשְׁפָּט וָצֶדֶק תִּרְאֶה בַמְּדִינָה אַל־תִּתְמַהּ עַל־הַחֵפֶץ
ח כִּי גָבֹהַּ מֵעַל גָּבֹהַּ שֹׁמֵר וּגְבֹהִים עֲלֵיהֶם׃ וְיִתְרוֹן אֶרֶץ
ט בַּכֹּל הִיא מֶלֶךְ לְשָׂדֶה נֶעֱבָד׃ אֹהֵב כֶּסֶף לֹא־יִשְׂבַּע הוּא
כֶּסֶף וּמִי־אֹהֵב בֶּהָמוֹן לֹא תְבוּאָה גַּם־זֶה הָבֶל׃
י בִּרְבוֹת הַטּוֹבָה רַבּוּ אוֹכְלֶיהָ וּמַה־כִּשְׁרוֹן לִבְעָלֶיהָ
יא כִּי אִם־ראִית עֵינָיו׃ מְתוּקָה שְׁנַת הָעֹבֵד אִם־מְעַט רְאוּת
וְאִם־הַרְבֵּה יֹאכֵל וְהַשָּׂבָע לֶעָשִׁיר אֵינֶנּוּ מַנִּיחַ לוֹ
יב לִישׁוֹן׃ יֵשׁ רָעָה חוֹלָה רָאִיתִי תַּחַת הַשָּׁמֶשׁ עֹשֶׁר
יג שָׁמוּר לִבְעָלָיו לְרָעָתוֹ׃ וְאָבַד הָעֹשֶׁר הַהוּא בְּעִנְיַן
יד רָע וְהוֹלִיד בֵּן וְאֵין בְּיָדוֹ מְאוּמָה׃ כַּאֲשֶׁר יָצָא מִבֶּטֶן
אִמּוֹ עָרוֹם יָשׁוּב לָלֶכֶת כְּשֶׁבָּא וּמְאוּמָה לֹא־יִשָּׂא
טו בַעֲמָלוֹ שֶׁיֹּלֵךְ בְּיָדוֹ׃ וְגַם־זֹה רָעָה חוֹלָה כָּל־עֻמַּת
טז שֶׁבָּא כֵּן יֵלֵךְ וּמַה־יִּתְרוֹן לוֹ שֶׁיַּעֲמֹל לָרוּחַ׃ גַּם כָּל־
יז יָמָיו בַּחֹשֶׁךְ יֹאכֵל וְכָעַס הַרְבֵּה וְחָלְיוֹ וָקָצֶף׃ הִנֵּה

אֲשֶׁר־רָאִיתִי אָנִי טוֹב אֲשֶׁר־יָפֶה לֶאֱכוֹל וְלִשְׁתּוֹת
וְלִרְאוֹת טוֹבָה בְּכָל־עֲמָלוֹ ׀ שֶׁיַּעֲמֹל תַּחַת־הַשֶּׁמֶשׁ
מִסְפַּר יְמֵי־חַיָּו אֲשֶׁר־נָתַן־לוֹ הָאֱלֹהִים כִּי־הוּא חֶלְקוֹ׃
יח גַּם כָּל־הָאָדָם אֲשֶׁר נָתַן־לוֹ הָאֱלֹהִים עֹשֶׁר וּנְכָסִים
וְהִשְׁלִיטוֹ לֶאֱכֹל מִמֶּנּוּ וְלָשֵׂאת אֶת־חֶלְקוֹ וְלִשְׂמֹחַ
יט בַּעֲמָלוֹ זֹה מַתַּת אֱלֹהִים הִיא׃ כִּי לֹא הַרְבֵּה יִזְכֹּר
וא אֶת־יְמֵי חַיָּיו כִּי הָאֱלֹהִים מַעֲנֶה בְּשִׂמְחַת לִבּוֹ׃ יֵשׁ
רָעָה אֲשֶׁר רָאִיתִי תַּחַת הַשָּׁמֶשׁ וְרַבָּה הִיא עַל־
ב הָאָדָם׃ אִישׁ אֲשֶׁר יִתֶּן־לוֹ הָאֱלֹהִים עֹשֶׁר וּנְכָסִים
וְכָבוֹד וְאֵינֶנּוּ חָסֵר לְנַפְשׁוֹ ׀ מִכֹּל אֲשֶׁר־יִתְאַוֶּה וְלֹא־
יַשְׁלִיטֶנּוּ הָאֱלֹהִים לֶאֱכֹל מִמֶּנּוּ כִּי אִישׁ נָכְרִי יֹאכְלֶנּוּ
ג זֶה הֶבֶל וָחֳלִי רָע הוּא׃ אִם־יוֹלִיד אִישׁ מֵאָה וְשָׁנִים
רַבּוֹת יִחְיֶה וְרַב ׀ שֶׁיִּהְיוּ יְמֵי־שָׁנָיו וְנַפְשׁוֹ לֹא־תִשְׂבַּע
מִן־הַטּוֹבָה וְגַם־קְבוּרָה לֹא־הָיְתָה לּוֹ אָמַרְתִּי טוֹב
ד מִמֶּנּוּ הַנָּפֶל׃ כִּי־בַהֶבֶל בָּא וּבַחֹשֶׁךְ יֵלֵךְ וּבַחֹשֶׁךְ
ה שְׁמוֹ יְכֻסֶּה׃ גַּם־שֶׁמֶשׁ לֹא־רָאָה וְלֹא יָדָע נַחַת לָזֶה
ו מִזֶּה׃ וְאִלּוּ חָיָה אֶלֶף שָׁנִים פַּעֲמַיִם וְטוֹבָה לֹא רָאָה
ז הֲלֹא אֶל־מָקוֹם אֶחָד הַכֹּל הוֹלֵךְ׃ כָּל־עֲמַל הָאָדָם
ח לְפִיהוּ וְגַם־הַנֶּפֶשׁ לֹא תִמָּלֵא׃ כִּי מַה־יּוֹתֵר לֶחָכָם
ט מִן־הַכְּסִיל מַה־לֶּעָנִי יוֹדֵעַ לַהֲלֹךְ נֶגֶד הַחַיִּים׃ טוֹב
מַרְאֵה עֵינַיִם מֵהֲלָךְ־נָפֶשׁ גַּם־זֶה הֶבֶל וּרְעוּת רוּחַ׃

מַה־שֶּֽׁהָיָה כְּבָר נִקְרָא שְׁמוֹ וְנוֹדָע אֲשֶׁר־הוּא אָדָם י
שֶׁתַּקִּיף וְלֹא־יוּכַל לָדִין עִם שהתקיף מִמֶּנּוּ׃ כִּי יֵשׁ־דְּבָרִים יא
הַרְבֵּה מַרְבִּים הָבֶל מַה־יֹּתֵר לָאָדָם׃ כִּי מִי־יוֹדֵעַ יב
מַה־טּוֹב לָאָדָם בַּחַיִּים מִסְפַּר יְמֵי־חַיֵּי הֶבְלוֹ וְיַעֲשֵׂם
כַּצֵּל אֲשֶׁר מִי־יַגִּיד לָאָדָם מַה־יִּהְיֶה אַחֲרָיו תַּחַת
ג הַשָּׁמֶשׁ׃ טוֹב שֵׁם מִשֶּׁמֶן טוֹב א ז
וְיוֹם הַמָּוֶת מִיּוֹם הִוָּלְדוֹ׃ טוֹב לָלֶכֶת אֶל־בֵּית־אֵבֶל ב
מִלֶּכֶת אֶל־בֵּית מִשְׁתֶּה בַּאֲשֶׁר הוּא סוֹף כָּל־הָאָדָם
וְהַחַי יִתֵּן אֶל־לִבּוֹ׃ טוֹב כַּעַס מִשְּׂחוֹק כִּי־בְרֹעַ פָּנִים ג
יִיטַב לֵב׃ לֵב חֲכָמִים בְּבֵית אֵבֶל וְלֵב כְּסִילִים בְּבֵית ד
שִׂמְחָה׃ טוֹב לִשְׁמוֹעַ גַּעֲרַת חָכָם מֵאִישׁ שֹׁמֵעַ שִׁיר ה
כְּסִילִים׃ כִּי כְקוֹל הַסִּירִים תַּחַת הַסִּיר כֵּן שְׂחֹק ו
הַכְּסִיל וְגַם־זֶה הָבֶל׃ כִּי הָעֹשֶׁק יְהוֹלֵל חָכָם וִיאַבֵּד ז
אֶת־לֵב מַתָּנָה׃ טוֹב אַחֲרִית דָּבָר מֵרֵאשִׁיתוֹ טוֹב ח
אֶרֶךְ־רוּחַ מִגְּבַהּ רוּחַ׃ אַל־תְּבַהֵל בְּרוּחֲךָ לִכְעוֹס ט
כִּי כַעַס בְּחֵיק כְּסִילִים יָנוּחַ׃ אַל־תֹּאמַר מֶה הָיָה י
שֶׁהַיָּמִים הָרִאשֹׁנִים הָיוּ טוֹבִים מֵאֵלֶּה כִּי לֹא מֵחָכְמָה
שָׁאַלְתָּ עַל־זֶה׃ טוֹבָה חָכְמָה עִם־נַחֲלָה וְיֹתֵר לְרֹאֵי יא
הַשָּׁמֶשׁ׃ כִּי בְּצֵל הַחָכְמָה בְּצֵל הַכָּסֶף וְיִתְרוֹן יב
דַּעַת הַחָכְמָה תְּחַיֶּה בְעָלֶיהָ׃ רְאֵה אֶת־מַעֲשֵׂה יג
הָאֱלֹהִים כִּי מִי יוּכַל לְתַקֵּן אֵת אֲשֶׁר עִוְּתוֹ׃ בְּיוֹם יד

טוֹבָה֙ הֱיֵ֣ה בְט֔וֹב וּבְי֥וֹם רָעָ֖ה רְאֵ֑ה גַּ֣ם אֶת־זֶ֤ה לְעֻמַּת־
זֶה֙ עָשָׂ֣ה הָאֱלֹהִ֔ים עַל־דִּבְרַ֗ת שֶׁלֹּ֨א יִמְצָ֧א הָאָדָ֛ם
טו אַחֲרָ֖יו מְאֽוּמָה׃ אֶת־הַכֹּ֥ל רָאִ֖יתִי בִּימֵ֣י הֶבְלִ֑י יֵ֤שׁ
טז צַדִּיק֙ אֹבֵ֣ד בְּצִדְק֔וֹ וְיֵ֣שׁ רָשָׁ֔ע מַאֲרִ֖יךְ בְּרָעָתֽוֹ׃ אַל־
תְּהִ֤י צַדִּיק֙ הַרְבֵּ֔ה וְאַל־תִּתְחַכַּ֖ם יוֹתֵ֑ר לָ֖מָּה תִּשּׁוֹמֵֽם׃
יז אַל־תִּרְשַׁ֥ע הַרְבֵּ֖ה וְאַל־תְּהִ֣י סָכָ֑ל לָ֥מָּה תָמ֖וּת בְּלֹ֥א
יח עִתֶּֽךָ׃ ט֚וֹב אֲשֶׁ֣ר תֶּאֱחֹ֣ז בָּזֶ֔ה וְגַם־מִזֶּ֖ה אַל־תַּנַּ֣ח אֶת־
יט יָדֶ֑ךָ כִּֽי־יְרֵ֥א אֱלֹהִ֖ים יֵצֵ֥א אֶת־כֻּלָּֽם׃ הַחָכְמָ֖ה תָּעֹ֣ז
כ לֶחָכָ֑ם מֵֽעֲשָׂרָה֙ שַׁלִּיטִ֔ים אֲשֶׁ֥ר הָי֖וּ בָּעִֽיר׃ כִּ֣י אָדָ֔ם
כא אֵ֥ין צַדִּ֖יק בָּאָ֑רֶץ אֲשֶׁ֥ר יַעֲשֶׂה־טּ֖וֹב וְלֹ֥א יֶחֱטָֽא׃ גַּ֤ם
לְכָל־הַדְּבָרִים֙ אֲשֶׁ֣ר יְדַבֵּ֔רוּ אַל־תִּתֵּ֖ן לִבֶּ֑ךָ אֲשֶׁ֛ר לֹֽא־
כב תִשְׁמַ֥ע אֶֽת־עַבְדְּךָ֖ מְקַלְלֶֽךָ׃ כִּ֛י גַּם־פְּעָמִ֥ים רַבּ֖וֹת
כג יָדַ֣ע לִבֶּ֑ךָ אֲשֶׁ֛ר גַּם־אַ֖תְּ קִלַּ֥לְתָּ אֲחֵרִֽים׃ כָּל־זֹ֖ה נִסִּ֣יתִי
כד בַחָכְמָ֑ה אָמַ֣רְתִּי אֶחְכָּ֔מָה וְהִ֖יא רְחוֹקָ֥ה מִמֶּֽנִּי׃ רָח֖וֹק
כה מַה־שֶּֽׁהָיָ֑ה וְעָמֹ֥ק ׀ עָמֹ֖ק מִ֥י יִמְצָאֶֽנּוּ׃ סַבּ֨וֹתִֽי אֲנִ֤י וְלִבִּי֙
לָדַ֣עַת וְלָת֔וּר וּבַקֵּ֥שׁ חָכְמָ֖ה וְחֶשְׁבּ֑וֹן וְלָדַ֙עַת֙ רֶ֣שַׁע
כו כֶּ֔סֶל וְהַסִּכְל֖וּת הוֹלֵלֽוֹת׃ וּמוֹצֶ֨א אֲנִ֜י מַ֣ר מִמָּ֗וֶת אֶת־
הָֽאִשָּׁה֙ אֲשֶׁר־הִ֨יא מְצוֹדִ֧ים וַחֲרָמִ֛ים לִבָּ֖הּ אֲסוּרִ֣ים
יָדֶ֑יהָ ט֤וֹב לִפְנֵי֙ הָאֱלֹהִ֔ים יִמָּ֣לֵט מִמֶּ֔נָּה וְחוֹטֵ֖א יִלָּ֥כֶד
כז בָּֽהּ׃ רְאֵה֙ זֶ֣ה מָצָ֔אתִי אָמְרָ֖ה קֹהֶ֑לֶת אַחַ֥ת לְאַחַ֖ת
כח לִמְצֹ֥א חֶשְׁבּֽוֹן׃ אֲשֶׁ֛ר עוֹד־בִּקְשָׁ֥ה נַפְשִׁ֖י וְלֹ֣א מָצָ֑אתִי

אָדָם אֶחָד מֵאֶלֶף מָצָאתִי וְאִשָּׁה בְכָל־אֵלֶּה לֹא
כט מָצָאתִי׃ לְבַד רְאֵה־זֶה מָצָאתִי אֲשֶׁר עָשָׂה הָאֱלֹהִים
אח אֶת־הָאָדָם יָשָׁר וְהֵמָּה בִקְשׁוּ חִשְּׁבֹנוֹת רַבִּים׃ מִי
כְּהֶחָכָם וּמִי יוֹדֵעַ פֵּשֶׁר דָּבָר חָכְמַת אָדָם תָּאִיר פָּנָיו
ב וְעֹז פָּנָיו יְשֻׁנֶּא׃ אֲנִי פִּי־מֶלֶךְ שְׁמוֹר וְעַל דִּבְרַת שְׁבוּעַת
ג אֱלֹהִים׃ אַל־תִּבָּהֵל מִפָּנָיו תֵּלֵךְ אַל־תַּעֲמֹד בְּדָבָר
ד רָע כִּי כָּל־אֲשֶׁר יַחְפֹּץ יַעֲשֶׂה׃ בַּאֲשֶׁר דְּבַר־מֶלֶךְ
ה שִׁלְטוֹן וּמִי יֹאמַר־לוֹ מַה־תַּעֲשֶׂה׃ שׁוֹמֵר מִצְוָה לֹא
ו יֵדַע דָּבָר רָע וְעֵת וּמִשְׁפָּט יֵדַע לֵב חָכָם׃ כִּי לְכָל־
חֵפֶץ יֵשׁ עֵת וּמִשְׁפָּט כִּי־רָעַת הָאָדָם רַבָּה עָלָיו׃
ז כִּי־אֵינֶנּוּ יֹדֵעַ מַה־שֶּׁיִּהְיֶה כִּי כַּאֲשֶׁר יִהְיֶה מִי יַגִּיד לוֹ׃
ח אֵין אָדָם שַׁלִּיט בָּרוּחַ לִכְלוֹא אֶת־הָרוּחַ וְאֵין שִׁלְטוֹן
בְּיוֹם הַמָּוֶת וְאֵין מִשְׁלַחַת בַּמִּלְחָמָה וְלֹא־יְמַלֵּט
ט רֶשַׁע אֶת־בְּעָלָיו׃ אֶת־כָּל־זֶה רָאִיתִי וְנָתוֹן אֶת־לִבִּי
לְכָל־מַעֲשֶׂה אֲשֶׁר נַעֲשָׂה תַּחַת הַשָּׁמֶשׁ עֵת אֲשֶׁר
י שָׁלַט הָאָדָם בְּאָדָם לְרַע לוֹ׃ וּבְכֵן רָאִיתִי רְשָׁעִים
קְבֻרִים וָבָאוּ וּמִמְּקוֹם קָדוֹשׁ יְהַלֵּכוּ וְיִשְׁתַּכְּחוּ בָעִיר
יא אֲשֶׁר כֵּן־עָשׂוּ גַּם־זֶה הָבֶל׃ אֲשֶׁר אֵין־נַעֲשָׂה פִתְגָם
מַעֲשֵׂה הָרָעָה מְהֵרָה עַל־כֵּן מָלֵא לֵב בְּנֵי־הָאָדָם
יב בָּהֶם לַעֲשׂוֹת רָע׃ אֲשֶׁר חֹטֶא עֹשֶׂה רָע מְאַת וּמַאֲרִיךְ
לוֹ כִּי גַּם־יוֹדֵעַ אָנִי אֲשֶׁר יִהְיֶה־טּוֹב לְיִרְאֵי הָאֱלֹהִים

יג אֲשֶׁר יִירְאוּ מִלְּפָנָיו: וְטוֹב לֹא־יִהְיֶה לָרָשָׁע וְלֹא־
יַאֲרִיךְ יָמִים כַּצֵּל אֲשֶׁר אֵינֶנּוּ יָרֵא מִלִּפְנֵי אֱלֹהִים:
יד יֶשׁ־הֶבֶל אֲשֶׁר נַעֲשָׂה עַל־הָאָרֶץ אֲשֶׁר | יֵשׁ צַדִּיקִים
אֲשֶׁר מַגִּיעַ אֲלֵהֶם כְּמַעֲשֵׂה הָרְשָׁעִים וְיֵשׁ רְשָׁעִים
שֶׁמַּגִּיעַ אֲלֵהֶם כְּמַעֲשֵׂה הַצַּדִּיקִים אָמַרְתִּי שֶׁגַּם־זֶה
טו הָבֶל: וְשִׁבַּחְתִּי אֲנִי אֶת־הַשִּׂמְחָה אֲשֶׁר אֵין־טוֹב
לָאָדָם תַּחַת הַשֶּׁמֶשׁ כִּי אִם־לֶאֱכֹל וְלִשְׁתּוֹת וְלִשְׂמוֹחַ
וְהוּא יִלְוֶנּוּ בַעֲמָלוֹ יְמֵי חַיָּיו אֲשֶׁר־נָתַן־לוֹ הָאֱלֹהִים
טז תַּחַת הַשָּׁמֶשׁ: כַּאֲשֶׁר נָתַתִּי אֶת־לִבִּי לָדַעַת חָכְמָה
וְלִרְאוֹת אֶת־הָעִנְיָן אֲשֶׁר נַעֲשָׂה עַל־הָאָרֶץ כִּי גַם
יז בַּיּוֹם וּבַלַּיְלָה שֵׁנָה בְּעֵינָיו אֵינֶנּוּ רֹאֶה: וְרָאִיתִי אֶת־
כָּל־מַעֲשֵׂה הָאֱלֹהִים כִּי לֹא יוּכַל הָאָדָם לִמְצוֹא אֶת־
הַמַּעֲשֶׂה אֲשֶׁר נַעֲשָׂה תַחַת־הַשֶּׁמֶשׁ בְּשֶׁל אֲשֶׁר
יַעֲמֹל הָאָדָם לְבַקֵּשׁ וְלֹא יִמְצָא וְגַם אִם־יֹאמַר הֶחָכָם
ט א לָדַעַת לֹא יוּכַל לִמְצֹא: כִּי אֶת־כָּל־זֶה נָתַתִּי אֶל־
לִבִּי וְלָבוּר אֶת־כָּל־זֶה אֲשֶׁר הַצַּדִּיקִים וְהַחֲכָמִים
וַעֲבָדֵיהֶם בְּיַד הָאֱלֹהִים גַּם־אַהֲבָה גַם־שִׂנְאָה אֵין
ב יוֹדֵעַ הָאָדָם הַכֹּל לִפְנֵיהֶם: הַכֹּל כַּאֲשֶׁר לַכֹּל מִקְרֶה
אֶחָד לַצַּדִּיק וְלָרָשָׁע לַטּוֹב וְלַטָּהוֹר וְלַטָּמֵא וְלַזֹּבֵחַ
וְלַאֲשֶׁר אֵינֶנּוּ זֹבֵחַ כַּטּוֹב כַּחֹטֶא הַנִּשְׁבָּע כַּאֲשֶׁר
ג שְׁבוּעָה יָרֵא: זֶה | רָע בְּכֹל אֲשֶׁר־נַעֲשָׂה תַּחַת הַשֶּׁמֶשׁ

כִּֽי־מִקְרֶ֥ה אֶחָ֖ד לַכֹּ֑ל וְגַ֣ם לֵ֣ב בְּנֵי־הָ֠אָדָ֠ם מָלֵא־רָ֨ע
ד וְהוֹלֵל֤וֹת בִּלְבָבָם֙ בְּחַיֵּיהֶ֔ם וְאַחֲרָ֖יו אֶל־הַמֵּתִֽים׃ כִּֽי־
מִי֙ אֲשֶׁ֣ר יבחר אֶ֥ל כָּל־הַחַיִּ֖ים יֵ֣שׁ בִּטָּח֑וֹן כִּֽי־לְכֶ֤לֶב יְחֻבַּר
ה חַי֙ ה֣וּא ט֔וֹב מִן־הָאַרְיֵ֖ה הַמֵּֽת׃ כִּ֧י הַחַיִּ֛ים יוֹדְעִ֖ים
שֶׁיָּמֻ֑תוּ וְהַמֵּתִ֞ים אֵינָ֧ם יוֹדְעִ֣ים מְא֗וּמָה וְאֵין־ע֤וֹד
ו לָהֶם֙ שָׂכָ֔ר כִּ֥י נִשְׁכַּ֖ח זִכְרָֽם׃ גַּ֧ם אַהֲבָתָ֛ם גַּם־שִׂנְאָתָ֥ם
גַּם־קִנְאָתָ֖ם כְּבָ֣ר אָבָ֑דָה וְחֵ֨לֶק אֵין־לָהֶ֥ם עוֹד֙ לְעוֹלָ֔ם
ז בְּכֹ֥ל אֲשֶׁר־נַעֲשָׂ֖ה תַּ֥חַת הַשָּֽׁמֶשׁ׃ לֵ֣ךְ אֱכֹ֤ל בְּשִׂמְחָה֙ ד
לַחְמֶ֔ךָ וּֽשְׁתֵ֥ה בְלֶב־ט֖וֹב יֵינֶ֑ךָ כִּ֣י כְבָ֔ר רָצָ֥ה הָאֱלֹהִ֖ים
ח אֶת־מַעֲשֶֽׂיךָ׃ בְּכָל־עֵ֕ת יִהְי֥וּ בְגָדֶ֖יךָ לְבָנִ֑ים וְשֶׁ֖מֶן
ט עַל־רֹאשְׁךָ֖ אַל־יֶחְסָֽר׃ רְאֵ֨ה חַיִּ֜ים עִם־אִשָּׁ֣ה אֲשֶׁר־
אָהַ֗בְתָּ כָּל־יְמֵי֙ חַיֵּ֣י הֶבְלֶ֔ךָ אֲשֶׁ֤ר נָֽתַן־לְךָ֙ תַּ֣חַת
הַשֶּׁ֔מֶשׁ כֹּ֖ל יְמֵ֣י הֶבְלֶ֑ךָ כִּ֣י ה֤וּא חֶלְקְךָ֙ בַּֽחַיִּ֔ים וּבַעֲמָלְךָ֕
י אֲשֶׁר־אַתָּ֥ה עָמֵ֖ל תַּ֥חַת הַשָּֽׁמֶשׁ׃ כֹּל֩ אֲשֶׁ֨ר תִּמְצָ֧א
יָדְךָ֛ לַעֲשׂ֥וֹת בְּכֹחֲךָ֖ עֲשֵׂ֑ה כִּי֩ אֵ֨ין מַעֲשֶׂ֜ה וְחֶשְׁבּ֗וֹן
יא וְדַ֙עַת֙ וְחָכְמָ֔ה בִּשְׁא֕וֹל אֲשֶׁ֥ר אַתָּ֖ה הֹלֵ֥ךְ שָֽׁמָּה׃ שַׁ֜בְתִּי
וְרָאֹ֣ה תַֽחַת־הַשֶּׁ֗מֶשׁ כִּ֣י לֹא֩ לַקַּלִּ֨ים הַמֵּר֜וֹץ וְלֹ֧א
לַגִּבּוֹרִ֣ים הַמִּלְחָמָ֗ה וְ֠גַם לֹ֣א לַחֲכָמִ֥ים לֶ֙חֶם֙ וְגַ֨ם לֹ֤א
לַנְּבֹנִים֙ עֹ֔שֶׁר וְגַ֛ם לֹ֥א לַיֹּדְעִ֖ים חֵ֑ן כִּי־עֵ֥ת וָפֶ֖גַע יִקְרֶ֥ה
יב אֶת־כֻּלָּֽם׃ כִּ֡י גַּם֩ לֹא־יֵדַ֨ע הָאָדָ֜ם אֶת־עִתּ֗וֹ כַּדָּגִים֙
שֶׁנֶּֽאֱחָזִים֙ בִּמְצוֹדָ֣ה רָעָ֔ה וְכַ֨צִּפֳּרִ֔ים הָאֲחֻז֖וֹת בַּפָּ֑ח

כָּהֵם יוּקָשִׁים בְּנֵי הָאָדָם לְעֵת רָעָה כְּשֶׁתִּפּוֹל עֲלֵיהֶם
יג פִּתְאֹם׃ גַּם־זֹה רָאִיתִי חָכְמָה תַּחַת הַשָּׁמֶשׁ וּגְדוֹלָה
יד הִיא אֵלָי׃ עִיר קְטַנָּה וַאֲנָשִׁים בָּהּ מְעָט וּבָא־אֵלֶיהָ
מֶלֶךְ גָּדוֹל וְסָבַב אֹתָהּ וּבָנָה עָלֶיהָ מְצוֹדִים גְּדֹלִים׃
טו וּמָצָא בָהּ אִישׁ מִסְכֵּן חָכָם וּמִלַּט־הוּא אֶת־הָעִיר
בְּחָכְמָתוֹ וְאָדָם לֹא זָכַר אֶת־הָאִישׁ הַמִּסְכֵּן הַהוּא׃
טז וְאָמַרְתִּי אָנִי טוֹבָה חָכְמָה מִגְּבוּרָה וְחָכְמַת הַמִּסְכֵּן
יז בְּזוּיָה וּדְבָרָיו אֵינָם נִשְׁמָעִים׃ דִּבְרֵי חֲכָמִים בְּנַחַת
יח נִשְׁמָעִים מִזַּעֲקַת מוֹשֵׁל בַּכְּסִילִים׃ טוֹבָה חָכְמָה
י א מִכְּלֵי קְרָב וְחוֹטֶא אֶחָד יְאַבֵּד טוֹבָה הַרְבֵּה׃ זְבוּבֵי
מָוֶת יַבְאִישׁ יַבִּיעַ שֶׁמֶן רוֹקֵחַ יָקָר מֵחָכְמָה מִכָּבוֹד
ב סִכְלוּת מְעָט׃ לֵב חָכָם לִימִינוֹ וְלֵב כְּסִיל לִשְׂמֹאלוֹ׃
ג וְגַם־בַּדֶּרֶךְ כשהסכל הֹלֵךְ לִבּוֹ חָסֵר וְאָמַר לַכֹּל סָכָל כְּשֶׁסָּכָל
ד הוּא׃ אִם־רוּחַ הַמּוֹשֵׁל תַּעֲלֶה עָלֶיךָ מְקוֹמְךָ אַל־
ה תַּנַּח כִּי מַרְפֵּא יַנִּיחַ חֲטָאִים גְּדוֹלִים׃ יֵשׁ רָעָה רָאִיתִי
ו תַּחַת הַשָּׁמֶשׁ כִּשְׁגָגָה שֶׁיֹּצָא מִלִּפְנֵי הַשַּׁלִּיט׃ נִתַּן
ז הַסֶּכֶל בַּמְּרוֹמִים רַבִּים וַעֲשִׁירִים בַּשֵּׁפֶל יֵשֵׁבוּ׃ רָאִיתִי
עֲבָדִים עַל־סוּסִים וְשָׂרִים הֹלְכִים כַּעֲבָדִים עַל־
ח הָאָרֶץ׃ חֹפֵר גּוּמָּץ בּוֹ יִפּוֹל וּפֹרֵץ גָּדֵר יִשְּׁכֶנּוּ נָחָשׁ׃
ט מַסִּיעַ אֲבָנִים יֵעָצֵב בָּהֶם בּוֹקֵעַ עֵצִים יִסָּכֶן בָּם׃ אִם־
י קֵהָה הַבַּרְזֶל וְהוּא לֹא־פָנִים קִלְקַל וַחֲיָלִים יְגַבֵּר

וְיִתְר֖וֹן הַכְשֵׁ֥יר חָכְמָֽה׃ אִם־יִשֹּׁ֥ךְ הַנָּחָ֖שׁ בְּלוֹא־לָ֑חַשׁ יא
וְאֵ֣ין יִתְר֔וֹן לְבַ֖עַל הַלָּשֽׁוֹן׃ דִּבְרֵ֥י פִי־חָכָ֖ם חֵ֑ן וְשִׂפְת֥וֹת יב
כְּסִ֖יל תְּבַלְּעֶֽנּוּ׃ תְּחִלַּ֥ת דִּבְרֵי־פִ֖יהוּ סִכְל֑וּת וְאַחֲרִ֣ית יג
פִּ֔יהוּ הוֹלֵל֖וּת רָעָֽה׃ וְהַסָּכָ֖ל יַרְבֶּ֣ה דְבָרִ֑ים לֹא־יֵדַ֤ע יד
הָֽאָדָם֙ מַה־שֶׁיִּֽהְיֶ֔ה וַאֲשֶׁ֤ר יִהְיֶה֙ מֵֽאַחֲרָ֔יו מִ֖י יַגִּ֥יד
לֽוֹ׃ עֲמַ֥ל הַכְּסִילִ֖ים תְּיַגְּעֶ֑נּוּ אֲשֶׁ֥ר לֹֽא־יָדַ֖ע לָלֶ֥כֶת טו
אֶל־עִֽיר׃ אִי־לָ֣ךְ אֶ֔רֶץ שֶׁמַּלְכֵּ֖ךְ נָ֑עַר וְשָׂרַ֖יִךְ בַּבֹּ֥קֶר טז
יֹאכֵֽלוּ׃ אַשְׁרֵ֣יךְ אֶ֔רֶץ שֶׁמַּלְכֵּ֖ךְ בֶּן־חוֹרִ֑ים וְשָׂרַ֙יִךְ֙ בָּעֵ֣ת יז
יֹאכֵ֔לוּ בִּגְבוּרָ֖ה וְלֹ֥א בַשְּׁתִֽי׃ בַּעֲצַלְתַּ֖יִם יִמַּ֣ךְ הַמְּקָרֶ֑ה יח
וּבְשִׁפְל֣וּת יָדַ֔יִם יִדְלֹ֖ף הַבָּֽיִת׃ לִשְׂחוֹק֙ עֹשִׂ֣ים לֶ֔חֶם וְיַ֖יִן יט
יְשַׂמַּ֣ח חַיִּ֑ים וְהַכֶּ֖סֶף יַעֲנֶ֥ה אֶת־הַכֹּֽל׃ גַּ֣ם בְּמַדָּעֲךָ֗ מֶ֚לֶךְ כ
אַל־תְּקַלֵּ֔ל וּבְחַדְרֵי֙ מִשְׁכָּ֣בְךָ֔ אַל־תְּקַלֵּ֖ל עָשִׁ֑יר כִּ֣י
כְּנָפַ֗יִם ע֤וֹף הַשָּׁמַ֙יִם֙ יוֹלִ֣יךְ אֶת־הַקּ֔וֹל וּבַ֥עַל הכנפים יַגֵּ֖יד
דָּבָֽר׃ שַׁלַּ֥ח לַחְמְךָ֖ עַל־פְּנֵ֣י הַמָּ֑יִם כִּֽי־בְרֹ֥ב הַיָּמִ֖ים א
תִּמְצָאֶֽנּוּ׃ תֶּן־חֵ֥לֶק לְשִׁבְעָ֖ה וְגַ֣ם לִשְׁמוֹנָ֑ה כִּ֚י לֹ֣א תֵדַ֔ע ב
מַה־יִּהְיֶ֥ה רָעָ֖ה עַל־הָאָֽרֶץ׃ אִם־יִמָּלְא֨וּ הֶעָבִ֥ים גֶּ֙שֶׁם֙ ג
עַל־הָאָ֣רֶץ יָרִ֔יקוּ וְאִם־יִפּ֥וֹל עֵ֛ץ בַּדָּר֖וֹם וְאִ֣ם בַּצָּפ֑וֹן
מְק֛וֹם שֶׁיִּפּ֥וֹל הָעֵ֖ץ שָׁ֥ם יְהֽוּא׃ שֹׁמֵ֥ר ר֖וּחַ לֹ֣א יִזְרָ֑ע ד
וְרֹאֶ֥ה בֶעָבִ֖ים לֹ֥א יִקְצֽוֹר׃ כַּאֲשֶׁ֨ר אֵינְךָ֤ יוֹדֵ֙עַ֙ מַה־ ה
דֶּ֣רֶךְ הָר֔וּחַ כַּעֲצָמִ֖ים בְּבֶ֣טֶן הַמְּלֵאָ֑ה כָּ֗כָה לֹ֤א תֵדַע֙
אֶת־מַעֲשֵׂ֣ה הָאֱלֹהִ֔ים אֲשֶׁ֥ר יַעֲשֶׂ֖ה אֶת־הַכֹּֽל׃ בַּבֹּ֙קֶר֙ ו

זְרַע אֶת־זַרְעֶךָ וְלָעֶרֶב אַל־תַּנַּח יָדֶךָ כִּי אֵינְךָ יוֹדֵעַ
אֵי זֶה יִכְשַׁר הֲזֶה אוֹ־זֶה וְאִם־שְׁנֵיהֶם כְּאֶחָד טוֹבִים׃
ז ח וּמָתוֹק הָאוֹר וְטוֹב לַעֵינַיִם לִרְאוֹת אֶת־הַשָּׁמֶשׁ׃ כִּי
אִם־שָׁנִים הַרְבֵּה יִחְיֶה הָאָדָם בְּכֻלָּם יִשְׂמָח וְיִזְכֹּר
ט אֶת־יְמֵי הַחֹשֶׁךְ כִּי־הַרְבֵּה יִהְיוּ כָּל־שֶׁבָּא הָבֶל׃ שְׂמַח
בָּחוּר בְּיַלְדוּתֶךָ וִיטִיבְךָ לִבְּךָ בִּימֵי בְחוּרוֹתֶךָ וְהַלֵּךְ
בְּדַרְכֵי לִבְּךָ ובמראי עֵינֶיךָ וְדָע כִּי עַל־כָּל־אֵלֶּה וּבְמַרְאֵה
י יְבִיאֲךָ הָאֱלֹהִים בַּמִּשְׁפָּט׃ וְהָסֵר כַּעַס מִלִּבֶּךָ וְהַעֲבֵר
א רָעָה מִבְּשָׂרֶךָ כִּי־הַיַּלְדוּת וְהַשַּׁחֲרוּת הָבֶל׃ וּזְכֹר
אֶת־בּוֹרְאֶיךָ בִּימֵי בְּחוּרֹתֶיךָ עַד אֲשֶׁר לֹא־יָבֹאוּ
יְמֵי הָרָעָה וְהִגִּיעוּ שָׁנִים אֲשֶׁר תֹּאמַר אֵין־לִי בָהֶם
ב חֵפֶץ׃ עַד אֲשֶׁר לֹא־תֶחְשַׁךְ הַשֶּׁמֶשׁ וְהָאוֹר וְהַיָּרֵחַ
ג וְהַכּוֹכָבִים וְשָׁבוּ הֶעָבִים אַחַר הַגָּשֶׁם׃ בַּיּוֹם שֶׁיָּזֻעוּ
שֹׁמְרֵי הַבַּיִת וְהִתְעַוְּתוּ אַנְשֵׁי הֶחָיִל וּבָטְלוּ הַטֹּחֲנוֹת
ד כִּי מִעֵטוּ וְחָשְׁכוּ הָרֹאוֹת בָּאֲרֻבּוֹת׃ וְסֻגְּרוּ דְלָתַיִם
בַּשּׁוּק בִּשְׁפַל קוֹל הַטַּחֲנָה וְיָקוּם לְקוֹל הַצִּפּוֹר וְיִשַּׁחוּ
ה כָּל־בְּנוֹת הַשִּׁיר׃ גַּם מִגָּבֹהַּ יִרָאוּ וְחַתְחַתִּים בַּדֶּרֶךְ
וְיָנֵאץ הַשָּׁקֵד וְיִסְתַּבֵּל הֶחָגָב וְתָפֵר הָאֲבִיּוֹנָה כִּי־
הֹלֵךְ הָאָדָם אֶל־בֵּית עוֹלָמוֹ וְסָבְבוּ בַשּׁוּק הַסֹּפְדִים׃
ו עַד אֲשֶׁר לֹא־ירחק חֶבֶל הַכֶּסֶף וְתָרֻץ גֻּלַּת הַזָּהָב יֵרָתֵק
ז וְתִשָּׁבֶר כַּד עַל־הַמַּבּוּעַ וְנָרֹץ הַגַּלְגַּל אֶל־הַבּוֹר׃ וְיָשֹׁב

הֶעָפָר עַל־הָאָרֶץ כְּשֶׁהָיָה וְהָרוּחַ תָּשׁוּב אֶל־הָאֱלֹהִים
ח אֲשֶׁר נְתָנָהּ׃ הֲבֵל הֲבָלִים אָמַר הַקּוֹהֶלֶת הַכֹּל הָבֶל׃
ט וְיֹתֵר שֶׁהָיָה קֹהֶלֶת חָכָם עוֹד לִמַּד־דַּעַת אֶת־הָעָם
י וְאִזֵּן וְחִקֵּר תִּקֵּן מְשָׁלִים הַרְבֵּה׃ בִּקֵּשׁ קֹהֶלֶת לִמְצֹא
יא דִּבְרֵי־חֵפֶץ וְכָתוּב יֹשֶׁר דִּבְרֵי אֱמֶת׃ דִּבְרֵי חֲכָמִים
כַּדָּרְבֹנוֹת וּכְמַשְׂמְרוֹת נְטוּעִים בַּעֲלֵי אֲסֻפּוֹת נִתְּנוּ
יב מֵרֹעֶה אֶחָד׃ וְיֹתֵר מֵהֵמָּה בְּנִי הִזָּהֵר עֲשׂוֹת סְפָרִים
יג הַרְבֵּה אֵין קֵץ וְלַהַג הַרְבֵּה יְגִעַת בָּשָׂר׃ סוֹף דָּבָר
הַכֹּל נִשְׁמָע אֶת־הָאֱלֹהִים יְרָא וְאֶת־מִצְוֹתָיו שְׁמוֹר
יד כִּי־זֶה כָּל־הָאָדָם׃ כִּי אֶת־כָּל־מַעֲשֶׂה הָאֱלֹהִים יָבִא
בְמִשְׁפָּט עַל כָּל־נֶעְלָם אִם־טוֹב וְאִם־רָע׃

סוף דבר הכל נשמע
את האלהים ירא
ואת מצותיו שמור
כי זה כל האדם

# לְמַלֵּא אֶת הָרִיק
## מגילת קהלת של הנפש

## פרק א

# שעמום

(א) דִּבְרֵי קֹהֶלֶת בֶּן דָּוִד מֶלֶךְ בִּירוּשָׁלִָם:
בעת שאדם מתחבר פנימה (׳מתקהל׳) אל נפשו, נחשף בפניו הפער שבין מהותה של נשמתו - שהיא מזרע בית דוד, שייכת לאלוהים (ה׳דוד׳) ומסוגלת למשול בעולם של שלמות (׳יראו־שלם׳) - לבין מצבו הנוכחי.

(ב) הֲבֵל הֲבָלִים אָמַר קֹהֶלֶת הֲבֵל הֲבָלִים הַכֹּל הָבֶל:
כאשר האדם מביט אל מצבו העגום, הוא נאלץ להודות בתחושת הריקנות והשעמום שממלאת אותו - כמשב אוויר חסר ממשות (׳הבל׳). בהיעדר חיבור ליראת שמיים, נדמים החיים כחולפים בלא משמעות.

(ג) מַה יִּתְרוֹן לָאָדָם בְּכָל עֲמָלוֹ שֶׁיַּעֲמֹל תַּחַת הַשָּׁמֶשׁ:
מהו, אפוא, הרווח בעמלנו עלי אדמות?

(ד) דּוֹר הֹלֵךְ וְדוֹר בָּא וְהָאָרֶץ לְעוֹלָם עֹמָדֶת:
המציאות ההיסטורית נדמית לעיתים כמעגל סגור, שאינו מוביל לשום מקום. המרחב שעליו אנו מתיימרים לרוץ (״הארץ״) נותר על מקומו, בעוד אנו מתנהלים בו מכוח האינרציה.

(ה) וְזָרַח הַשֶּׁמֶשׁ וּבָא הַשָּׁמֶשׁ וְאֶל מְקוֹמוֹ שׁוֹאֵף זוֹרֵחַ הוּא שָׁם:
הצרכים החומריים, שאמורים לשמש אותנו (״שמש״) ולהאיר את חיינו בארץ כשמש, זורחים ושוקעים חליפות. יש בנו תחושת התחדשות קלה ברכישת מוצר חדש או חוויה חדשה, אך עד מהרה מתברר כי הסיפוק מתפוגג, ואנו חוזרים לשקוע בשעמום. שוב מתעוררת בנו אשליית ׳שאיפה׳ ו׳זריחה׳, תאווה חדשה, וחוזר חלילה.

(ו) הוֹלֵךְ אֶל דָּרוֹם וְסוֹבֵב אֶל צָפוֹן סוֹבֵב סֹבֵב הוֹלֵךְ הָרוּחַ וְעַל סְבִיבֹתָיו שָׁב הָרוּחַ:
גם התחדשותן של תובנות לימודיות (״רוח״) - שהן לכאורה עדינות וערכיות יותר - נודדות הלוך ושוב, ומעניקות תחושת חשיבות ורוחב

אופקים. אך לבסוף מתברר שגם הפילוסופיה סובבת סביב עצמה ואינה מעניקה עניין ממשי.

(ז) כָּל הַנְּחָלִים הֹלְכִים אֶל הַיָּם וְהַיָּם אֵינֶנּוּ מָלֵא אֶל מְקוֹם שֶׁהַנְּחָלִים הֹלְכִים שָׁם הֵם שָׁבִים לָלָכֶת:

לכאורה, זרימתם של החיים אמורה להוביל אל תכלית מסוימת. אך לשווא אנו רודפים למלא את ים תאוותינו - שכן לעולם איננו באים על סיפוקנו. שוב ושוב אנו שבים אל נקודת המוצא, וחוזר חלילה.

(ח) כָּל הַדְּבָרִים יְגֵעִים לֹא יוּכַל אִישׁ לְדַבֵּר לֹא תִשְׂבַּע עַיִן לִרְאוֹת וְלֹא תִמָּלֵא אֹזֶן מִשְּׁמֹעַ:

עייפות מציפה אותנו עד שאין עוד מה לומר או לספר. אף שהמציאות, לאמיתו של דבר, אין־סופית היא - וכל שנראה ונשמע אינו אלא כאין וכאפס לעומתה - עדיין -

(ט) מַה שֶּׁהָיָה הוּא שֶׁיִּהְיֶה וּמַה שֶּׁנַּעֲשָׂה הוּא שֶׁיֵּעָשֶׂה וְאֵין כָּל חָדָשׁ תַּחַת הַשָּׁמֶשׁ:

בעינינו, שכבר למדו אכזבה וחסרון משמעות, נדמה כי "מה שהיה הוא שיהיה" - ואין כל חידוש שיוכל לשמש ("שמש") אותנו באמת.

(י) יֵשׁ דָּבָר שֶׁיֹּאמַר רְאֵה זֶה חָדָשׁ הוּא כְּבָר הָיָה לְעֹלָמִים אֲשֶׁר הָיָה מִלְּפָנֵנוּ:

בכל עת שהעולם מציע חידוש - טכנולוגי, תרבותי ואף רוחני - מתעוררת תחילה התרגשות קלה, אך עד מהרה מתברר לנו כי אין כאן אלא המשך ישיר של העולם הישן.

(יא) אֵין זִכְרוֹן לָרִאשֹׁנִים וְגַם לָאַחֲרֹנִים שֶׁיִּהְיוּ לֹא יִהְיֶה לָהֶם זִכָּרוֹן עִם שֶׁיִּהְיוּ לָאַחֲרֹנָה:

חוסר ההתחדשות ניכר גם בתרבות השכחה שבה אנו חיים: דבר אינו

מרגש באמת, וממילא איננו זוכרים. האופנה הראשונה נמוגה מזיכרוננו, והאחרונה תישכח במהרה אף היא. אנו חיים בעולם של אופנות מתחלפות, נטול עוגן ומשמעות.

(יב) אֲנִי קֹהֶלֶת הָיִיתִי מֶלֶךְ עַל יִשְׂרָאֵל בִּירוּשָׁלָם:

החיבור וההתאספות ('התקהלות') אל המלוכה ואל השלמות ('יראו־שלם') הפנימית מאפשרים לאדם לבחון את חייו מתוך פרספקטיבה רחבה. מתוך מבט זה מתברר ש־

(יג) וְנָתַתִּי אֶת לִבִּי לִדְרוֹשׁ וְלָתוּר בַּחָכְמָה עַל כָּל אֲשֶׁר נַעֲשָׂה תַּחַת הַשָּׁמָיִם הוּא עִנְיַן רָע נָתַן אֱלֹהִים לִבְנֵי הָאָדָם לַעֲנוֹת בּוֹ:

ההברקה האינטלקטואלית – החוכמה, שהיא לכאורה פסגת ההשגה של בן אנוש תחת השמיים – כאשר היא מנותקת ממשמעות ומיראת שמיים, היא הופכת לרועץ; עניין רע שמענה את האדם.

(יד) רָאִיתִי אֶת כָּל הַמַּעֲשִׂים שֶׁנַּעֲשׂוּ תַּחַת הַשָּׁמֶשׁ וְהִנֵּה הַכֹּל הֶבֶל וּרְעוּת רוּחַ:

המבט המשכיל בצורתו החילונית, בבואו לסקור את המציאות תחת השמש, מגיע למסקנה בלתי נמנעת: החיים הם משעממים, בני חלוף ("הבל") ורעים ("רעות רוח").

(טו) מְעֻוָּת לֹא יוּכַל לִתְקֹן וְחֶסְרוֹן לֹא יוּכַל לְהִמָּנוֹת:

במבט אנושי נדמה, כי כישלונות העבר אינם ניתנים לתיקון וכי חסרונות החיים רבים מספור.

(טז) דִּבַּרְתִּי אֲנִי עִם לִבִּי לֵאמֹר אֲנִי הִנֵּה הִגְדַּלְתִּי וְהוֹסַפְתִּי חָכְמָה עַל כָּל אֲשֶׁר הָיָה לְפָנַי עַל יְרוּשָׁלָם וְלִבִּי רָאָה הַרְבֵּה חָכְמָה וָדָעַת:

הדרך שבה חשבנו להתמודד עם תחושות התסכול הללו היא בהוספת

ידע וחוכמה - יותר מכל שלמות ותחכום שראו עיני האדם ('יראו־שלם'). חידושי חוכמה וטכנולוגיה אמורים, לכאורה, להעניק לנו תחושת התחדשות ועניין. האומנם?

(יז) וָאֶתְּנָה לִבִּי לָדַעַת חָכְמָה וְדַעַת הוֹלֵלוֹת וְשִׂכְלוּת יָדַעְתִּי שֶׁגַּם זֶה הוּא רַעְיוֹן רוּחַ:

דמַיינו שככל שנשכיל יותר - כך נדע להתרחק מהוללות וממעשי סכלות, הנולדים מתוך שעמום. אולם עם הזמן התברר שגם זהו רעיון שווא, החולף עם הרוח.

(יח) כִּי בְּרֹב חָכְמָה רָב כָּעַס וְיוֹסִיף דַּעַת יוֹסִיף מַכְאוֹב:

שהרי ככל שהוספנו חוכמה - התחדדו לנגד עינינו חסרונות העולם, ותחושת הכעס הלכה והתעצמה. ככל שהוספנו ידע - הלכו והתגברו מכאובינו ותחושת השעמום שלנו.

# הפתרון לשעמום – התחדשות פנימית

תחושת השעמום היא אחת התחושות המרכזיות המלוות את האדם בן המאה ה־21. תופעה זו מפתיעה למדי, מפני שקצב החיים מעולם לא היה מהיר ואינטנסיבי יותר. החידושים הטכנולוגיים, המקצועיים והתרבותיים מתחדשים ללא הרף, והעולם מוצף באירועים, חדשות וריגושים. אף על פי כן - החשש מהשעמום מרחף תמיד ברקע. למעשה, ייתכן שדווקא הפחד התת־הכרתי להיות במצב של חוסר עניין הוא שמגביר את קצב החיים. תעשיית הבידור וכלי התקשורת עמלים לספק ריגושים מתמידים, אולם כאשר האדם מוצא את עצמו לבדו, מנותק מן המדיה - רגשות הריקנות והבדידות גואים בו. ניתן להבחין בכך היטב, למשל, בתחושת חוסר האונים - לעיתים אף חרדה - שחווה אדם בזמן הפסקת חשמל.

הצורך בהתחדשות נובע מהממד האלוהי שנטוע בנפש האדם - הכמיהה לעוד: "אשירה לה' בחיי אזמרה לאלוהי בעודי", ב"עוד" שלי. תביעה אין־סופית שלא להסתפק בקיים, אלא להיחשף שוב ושוב לעולמות חדשים. כאשר מבקשים למלא צורך זה באמצעות חוויות חומריות - ואף אינטלקטואליות - הן ממצות את עצמן בשלב זה או אחר. ואז משתלטות אותן תחושות שעמום ומיאוס שמתאר שלמה המלך בפרק: "כָּל הַדְּבָרִים יְגֵעִים... מַה שֶּׁהָיָה הוּא שֶׁיִּהְיֶה וּמַה שֶּׁנַּעֲשָׂה הוּא שֶׁיֵּעָשֶׂה, וְאֵין כָּל חָדָשׁ תַּחַת הַשָּׁמֶשׁ".

הפתרון לשעמום לא יימצא בבריחה אל חידושי חיים חיצוניים,

ואף לא בהברקות אינטלקטואליות. אלא הוא טמון בחיפוש משמעות בתוך חיי ההווה - היינו, התחדשות בעולם הפנימי שאינה תלויה באמצעים חיצוניים. תובנה זו תקפה גם במישור המעשי. הנפש זמינה לנו תמיד, בעוד שחוויות חיצוניות - כדוגמת אמצעי תקשורת, מסכים, חברים ואף ספרים - אינן בהישג יד בכל רגע ורגע.

**כיצד עושים זאת?**

**סור מרע** - להאט את הקצב האינטנסיבי של החשיפה לחידושים: להפחית מינון עדכוני החדשות; להפחית חוויות קצה; להנמיך את עוצמת הקול בעת שמיעת מוזיקה; להקדיש יום בשבוע ללא מדיה וגלישה במרשתת, וכיוצא באלו.

**עשה טוב** - למצות כל חוויה בפני עצמה בטרם המעבר לבאה אחריה: תרגול נשימות עמוקות; לדבר ולהתנהל בקצב מתון; לטפח קשרים עם בני משפחה וחברים קרובים; לתרגל שמחה פנימית נטולת גירויים חיצוניים באמצעות התבודדות; לשמור שבתות וימים טובים; וביסוד הכול - ללמוד תכנים ערכיים המעניקים משמעות לחיים (תורה).

ככל שיעבור הזמן נבחין שתחושות הריקנות והשעמום הולכות ומתמעטות, ואת מקומן תופסות משמעות ושמחה - בכל רגע ורגע. זוהי נקודת הממשק עם הנשמה; עם מקור אין־סופי של משמעות שאינו זקוק לגירוי חיצוני.

פרק ב

# חומרנות

(א) אָמַרְתִּי אֲנִי בְּלִבִּי לְכָה נָּא אֲנַסְּכָה בְשִׂמְחָה וּרְאֵה בְטוֹב וְהִנֵּה גַם הוּא הָבֶל:

בליבנו עלה רעיון חדש: לשמוח בטובותיו החומריות של העולם הזה כ'נסיך' הנהנה מרווחתו. אך עד מהרה התברר כי גם רעיון זה הוא הבל שנמוג ברוח.

(ב) לִשְׂחוֹק אָמַרְתִּי מְהוֹלָל וּלְשִׂמְחָה מַה זֹּה עֹשָׂה:

הבידור והצחוק, כשהם מנותקים ממשמעות, הפכו להוללות, ולבסוף מצאנו עצמנו תוהים: מדוע אנו שמחים?

(ג) תַּרְתִּי בְלִבִּי לִמְשׁוֹךְ בַּיַּיִן אֶת בְּשָׂרִי וְלִבִּי נֹהֵג בַּחָכְמָה וְלֶאֱחֹז בְּסִכְלוּת עַד אֲשֶׁר אֶרְאֶה אֵי זֶה טוֹב לִבְנֵי הָאָדָם אֲשֶׁר יַעֲשׂוּ תַּחַת הַשָּׁמַיִם מִסְפַּר יְמֵי חַיֵּיהֶם:

המחשבה שעמדה לנגד עינינו הייתה למשוך את חיינו למיצוי החוויה החומרנית: משתאות של יין ובשר ואורח חיים הנאחז בהנהגה נהנתנית ושטחית ("סכלות") - תוך בחינה מחקרית ותבונית ("חכמה"). וזאת, במטרה לברר: האם דרך חיים זו מסוגלת להעניק לאדם תחושת טוב לאורך זמן?

(ד) הִגְדַּלְתִּי מַעֲשָׂי בָּנִיתִי לִי בָּתִּים נָטַעְתִּי לִי כְּרָמִים:

האם הגדלת יצירה אנושית - בניית בתים ופיתוח חקלאות שימושית - תוכל להביא לנו אושר?

(ה) עָשִׂיתִי לִי גַּנּוֹת וּפַרְדֵּסִים וְנָטַעְתִּי בָהֶם עֵץ כָּל פֶּרִי:

אולי הרחבה של גנות ופרדסים - לא לצורכי חקלאות שימושית, אלא לשם אסתטיקה ונוי - תוכל להנחיל לנו תחושת אושר וסיפוק?

(ו) עָשִׂיתִי לִי בְּרֵכוֹת מָיִם לְהַשְׁקוֹת מֵהֶם יַעַר צוֹמֵחַ עֵצִים:

גם השקעות עתידיות - ברכות מים שעתידות להצמיח יערות של עצי כסף - הן חלק מאשליית הסיפוק.

(ז) קָנִיתִי עֲבָדִים וּשְׁפָחוֹת וּבְנֵי בַיִת הָיָה לִי גַּם מִקְנֶה בָקָר וָצֹאן הַרְבֵּה הָיָה לִי מִכֹּל שֶׁהָיוּ לְפָנַי בִּירוּשָׁלָם:

טכנולוגיה שמשרתת אותנו כעבדים ושפחות עד שנדמית כבת בית בקרבנו; קניין רכוש מסיבי ("בקר") וצייתני ("צאן") - כל אלה זמינים לנו כיום באופן שלא היה כמותו בהיסטוריה.

(ח) כָּנַסְתִּי לִי גַּם כֶּסֶף וְזָהָב וּסְגֻלַּת מְלָכִים וְהַמְּדִינוֹת עָשִׂיתִי לִי שָׁרִים וְשָׁרוֹת וְתַעֲנוּגוֹת בְּנֵי הָאָדָם שִׁדָּה וְשִׁדּוֹת:

עושר שאליו נכספים ("כסף") ורכושנות ('זֶה־הב') שהיא תכלית חייהם של ממלכות ושליטים; שלטון שררה על סוגיו השונים ("שרים ושרות"); ותיבות קיבול לרכוש אין־סופי ("שִׁדה" מלשון "שדה תיבה ומגדל", שבת טז, ה).

(ט) וְגָדַלְתִּי וְהוֹסַפְתִּי מִכֹּל שֶׁהָיָה לְפָנַי בִּירוּשָׁלָם אַף חָכְמָתִי עָמְדָה לִּי:

על כל אלה הוספנו עוד ועוד, יותר מכל שלמות ('יראו־שלם') שהייתה בעבר. ויתרה מזו, עמדו לעזרתנו גם כוחות המדע וההשכלה.

(י) וְכֹל אֲשֶׁר שָׁאֲלוּ עֵינַי לֹא אָצַלְתִּי מֵהֶם לֹא מָנַעְתִּי אֶת לִבִּי מִכָּל שִׂמְחָה כִּי לִבִּי שָׂמֵחַ מִכָּל עֲמָלִי וְזֶה הָיָה חֶלְקִי מִכָּל עֲמָלִי:

לא מנענו ('אצלנו') מעצמנו כל הנאה שחשקה בה נפשנו; לא ויתרנו על שום שמחה או הוללות שניתן לרכוש בכסף - תוך שאנו מצדיקים אותן, כביכול, כפיצוי על שנות העמל והיגיעה. אך, בסופו של דבר, התברר כי מאומה לא נותר מכל זה - לבד מתחושת הוללות וריקנות.

(יא) וּפָנִיתִי אֲנִי בְּכָל מַעֲשַׂי שֶׁעָשׂוּ יָדַי וּבֶעָמָל שֶׁעָמַלְתִּי לַעֲשׂוֹת וְהִנֵּה הַכֹּל הֶבֶל וּרְעוּת רוּחַ וְאֵין יִתְרוֹן תַּחַת הַשָּׁמֶשׁ:

בהתבוננות לאחור על עמלנו בעולם הזה, מתעוררת בליבנו תחושת החמצה וחוסר משמעות. לכאורה, אין כל יתרון בעמל האדם ושימושו בצורכי העולם הזה ("שמש").

(יב) וּפָנִיתִי אֲנִי לִרְאוֹת חָכְמָה וְהוֹלֵלוֹת וְסִכְלוּת כִּי מֶה הָאָדָם שֶׁיָּבוֹא אַחֲרֵי הַמֶּלֶךְ אֵת אֲשֶׁר כְּבָר עָשׂוּהוּ:

פנינו מכל עיסוקינו כדי להתנסות במנעד ההתנהגויות האנושיות: חוכמה, הוללות וסכלות - מתוך אדישות נוכח הידיעה, כי לא נוכל לשנות דבר בעולמו של האלוהים ("המלך") לאחר שיצר אותו. ואם כן, מה טעם יש להעדיף אורח חיים מסוים על פני אחר?

(יג) וְרָאִיתִי אָנִי שֶׁיֵּשׁ יִתְרוֹן לַחָכְמָה מִן הַסִּכְלוּת כִּיתְרוֹן הָאוֹר מִן הַחֹשֶׁךְ:

והנה, מתוך ההתנסות הגענו למסקנה, שאף על פי שבאופן עקרוני יש יתרון מובהק להתנהלות מושכלת לעומת התנהלות בסכלות (למשל, בצבירת ממון או ידע); כי -

(יד) הֶחָכָם עֵינָיו בְּרֹאשׁוֹ וְהַכְּסִיל בַּחֹשֶׁךְ הוֹלֵךְ וְיָדַעְתִּי גַם אָנִי שֶׁמִּקְרֶה אֶחָד יִקְרֶה אֶת כֻּלָּם:

החכם הוא אדם הפועל מתוך תבונה, ואילו הטיפש - באקראיות; ולכאורה, מצופה היה שייוותר בידי החכם יתרון בר־קיימא. אולם, בסופו של דבר, מתברר כי גם החכם, על כל חוכמתו ורכושו שצבר במהלך חייו, מגיע אל אותו קו סיום - ושם נעצרים הדברים. ואם כן -

(טו) וְאָמַרְתִּי אֲנִי בְּלִבִּי כְּמִקְרֵה הַכְּסִיל גַּם אֲנִי יִקְרֵנִי וְלָמָּה חָכַמְתִּי אֲנִי אָז יֹתֵר וְדִבַּרְתִּי בְלִבִּי שֶׁגַּם זֶה הָבֶל:

שאלנו את עצמנו: אם בין כה וכה אין הבדל מהותי בין הכסיל לחכם, ולבסוף כולם מגיעים אל סופם - מדוע להשקיע מאמץ בהשכלה? שהרי ממילא החיים חולפים וחסרי משמעות.

(טז) כִּי אֵין זִכְרוֹן לֶחָכָם עִם הַכְּסִיל לְעוֹלָם בְּשֶׁכְּבָר הַיָּמִים הַבָּאִים הַכֹּל נִשְׁכָּח וְאֵיךְ יָמוּת הֶחָכָם עִם הַכְּסִיל:

בטווח הנצח ("לעולם") אין יתרון לחכם על פני הטיפש - שניהם נשכחים בשלב זה או אחר. וכך מהדהדת בנו השאלה: "איך ימות החכם עם הכסיל?" - ללא כל הבדל.

(יז) וְשָׂנֵאתִי אֶת הַחַיִּים כִּי רַע עָלַי הַמַּעֲשֶׂה שֶׁנַּעֲשָׂה תַּחַת הַשָּׁמֶשׁ כִּי הַכֹּל הֶבֶל וּרְעוּת רוּחַ:

ולכן הגענו לשנאה כלפי החיים עצמם. כאשר למעשינו אין תכלית נצחית - הופכים החיים למשא כבד, לרוע הכרחי שאין מנוס ממנו.

(יח) וְשָׂנֵאתִי אֲנִי אֶת כָּל עֲמָלִי שֶׁאֲנִי עָמֵל תַּחַת הַשָּׁמֶשׁ שֶׁאַנִּיחֶנּוּ לָאָדָם שֶׁיִּהְיֶה אַחֲרָי:

ואף אין נחמה פורתא בעצם הידיעה שעמלנו החומרי ייוותר לדורות הבאים.

(יט) וּמִי יוֹדֵעַ הֶחָכָם יִהְיֶה אוֹ סָכָל וְיִשְׁלַט בְּכָל עֲמָלִי שֶׁעָמַלְתִּי וְשֶׁחָכַמְתִּי תַּחַת הַשָּׁמֶשׁ גַּם זֶה הָבֶל:

ומי יודע כיצד ישתמשו הדורות הבאים במה שעמלנו עליו? ייתכן כי טיפשים יירשו את המפעלים שיצרנו, ויביאו עליהם כליה.

(כ) וְסַבּוֹתִי אֲנִי לְיַאֵשׁ אֶת לִבִּי עַל כָּל הֶעָמָל שֶׁעָמַלְתִּי תַּחַת הַשָּׁמֶשׁ:

זוהי סיבה נוספת לתחושת הייאוש האופפת אותנו בעת שאנו נושאים את משא החיים.

(כא) כִּי יֵשׁ אָדָם שֶׁעֲמָלוֹ בְּחָכְמָה וּבְדַעַת וּבְכִשְׁרוֹן וּלְאָדָם שֶׁלֹּא עָמַל בּוֹ יִתְּנֶנּוּ חֶלְקוֹ גַּם זֶה הֶבֶל וְרָעָה רַבָּה:

המחשבה על חוסר התוחלת שבמציאות שבה אדם עמל כל חייו, משיג הישגים, ובסופו של דבר נאלץ להשלים עם העובדה שכל שצבר יועבר לעצל הנהנה מן ההפקר - מעוררת תחושת תסכול וחוסר צדק ("רעה רבה").

(כב) כִּי מֶה הֹוֶה לָאָדָם בְּכָל עֲמָלוֹ וּבְרַעְיוֹן לִבּוֹ שֶׁהוּא עָמֵל תַּחַת הַשָּׁמֶשׁ:

מה תוחלת יש לנו במעשינו ובמחשבותינו ("רעיון") כאשר אלו מנותקים ממשמעות נצחית?

(כג) כִּי כָל יָמָיו מַכְאֹבִים וָכַעַס עִנְיָנוֹ גַּם בַּלַּיְלָה לֹא שָׁכַב לִבּוֹ גַּם זֶה הֶבֶל הוּא:

צבירת נכסים חומריים ואף אינטלקטואליים אינה מביאה לנו מנוחה - לא ביום ולא בלילה.

(כד) אֵין טוֹב בָּאָדָם שֶׁיֹּאכַל וְשָׁתָה וְהֶרְאָה אֶת נַפְשׁוֹ טוֹב בַּעֲמָלוֹ גַּם זֹה רָאִיתִי אָנִי כִּי מִיַּד הָאֱלֹהִים הִיא:

הדרך הנכונה אינה בצבירת ממון לשווא ובחיים של מותרות, אלא באורח חיים פשוט של קיום יום־יומי ('אכילה ושתייה'), המעניק תחושת עשייה מבורכת מאת האלוהים.

(כה) כִּי מִי יֹאכַל וּמִי יָחוּשׁ חוּץ מִמֶּנִּי:

אין מי שחווה את טעמי החיים לעומק כמותי - שלמה המלך - ואני הוא האומר לכם ש־

(כו) כִּי לְאָדָם שֶׁטּוֹב לְפָנָיו נָתַן חָכְמָה וְדַעַת וְשִׂמְחָה וְלַחוֹטֶא נָתַן עִנְיָן לֶאֱסֹף וְלִכְנוֹס לָתֵת לְטוֹב לִפְנֵי הָאֱלֹהִים גַּם זֶה הֶבֶל וּרְעוּת רוּחַ:

הדרך הטובה היא לחיות חיי יום־יום פשוטים, מלאי משמעות ושמחה. מנגד, החוטאים עמלים לאסוף ולצבור נכסים לשווא; שכן בסופו של דבר, הם יועברו מידיהם ויינתנו למי שהוא טוב בעיני אלוהים. נמצא, אפוא, שכל רדיפת הממון והחומרנות לא הניבה דבר מלבד הבל.

# הפתרון לחומרנות –
# הסתפקות ברמת חיים סבירה

מעולם לא היה מצבה החומרי של האנושות טוב מזה שבמאה ה־21. ודווקא משום כך, תחושת הריקנות שפושה בלב רבים הולכת ומעמיקה. איננו חיים עוד בפחד מתמיד מפני רעב - אך אנו מצויים במרדף מתיש ואין־סופי אחר מותרות ובילויים, מרדף שאין בו תוחלת ואינו מביא לידי סיפוק. כדבריו של שלמה: "כָּנַסְתִּי לִי גַּם כֶּסֶף וְזָהָב וּסְגֻלַּת מְלָכִים וְהַמְּדִינוֹת, עָשִׂיתִי לִי שָׁרִים וְשָׁרוֹת וְתַעֲנֻגוֹת בְּנֵי הָאָדָם... וְשָׂנֵאתִי אֶת הַחַיִּים כִּי רַע עָלַי הַמַּעֲשֶׂה שֶׁנַּעֲשָׂה תַּחַת הַשָּׁמֶשׁ כִּי הַכֹּל הֶבֶל וּרְעוּת רוּחַ". כאשר קיימת אי־הלימה בין החושים שלנו לבין ההכרה הרוחנית שלנו - אנו נמשכים שוב ושוב אל חזיונות שווא, מדמים בנפשנו כי בעושר חומרי נמצא את אושרנו, ומתאכזבים פעם אחר פעם.

הפתרון הוא למצוא איזון ואורח חיים סביר בתחום הכלכלי, כפי שכתוב, "אֵין טוֹב בָּאָדָם" אלא "שֶׁיֹּאכַל וְשָׁתָה וְהֶרְאָה אֶת נַפְשׁוֹ טוֹב בַּעֲמָלוֹ". כחלק מן האיזון הרוחני, יש להעניק לרכוש ולכסף את מקומם הראוי - לא מעבר לכך. במילים אחרות, ראוי להגדיר לעצמנו מהי רמת החיים שבה נכון לנו לחיות. מובן שבימינו לא סביר שילד ייקח עימו לבית הספר לחם יבש ותאנים כארוחת עשר - אך גם אין כל צורך במנת סושי יומית.

**כיצד עושים זאת?**

**סור מרע** - להציב גבולות לצריכה חומרית (למשל, להותיר שארית בצלחת ולא לסיים עד תום; לרכוש מוצרים יד שנייה, כל עוד הדבר אינו פוגע בצורך הפונקציונלי); להימנע מהעדפה אוטומטית של מותגים, וכיוצא באלה.

**עשה טוב** - לטפח אורח חיים יצרני שאינו טפילי; לנהל מאזן כלכלי שקול; למצוא סיפוק ברמת חיים סבירה ולעיתים אף לצמצם אותה, במידה המרגילה את הנפש לחיים שאינם תלויים במותרות, למשל, לקבוע יום צום שבועי, ככל שהדבר מתאפשר מבחינה רפואית; וכמובן, לימוד תורני העוסק בסדרי העדיפויות של צורכי האדם.

בשלב זה עשויה להישמע הטענה: "אבל יש לי כסף מיותר, וזכותי לעשות בו כרצוני". ואכן זכותו של האדם להחליט כיצד לנהוג ברכושו. אולם מנקודת המבט היהודית - אין כסף מיותר. כל ממון נועד לשימוש ראוי, שמקומן של הנאות החיים בתוכו מובן, אך עליו להיות מידתי ומדויק. אם קיים עודף - נכון לנתבו לצדקה, למען אלה שאין בידם.

## פרק ג

# ארעיות

(א) לַכֹּל זְמָן וְעֵת לְכָל חֵפֶץ תַּחַת הַשָּׁמָיִם:
הפנטזיה על הישג כלשהו בעולמנו שיוכל להעניק לנו אושר נצחי - אינה אלא אשליה. שלמה המלך מלמד אותנו כי לכל רגש או שאיפה במציאות יש זמן מוקצב ומדויק להם - לא פחות מכפי שראוי, אך גם לא יותר.

(ב) עֵת לָלֶדֶת וְעֵת לָמוּת
עֵת לָטַעַת וְעֵת לַעֲקוֹר נָטוּעַ:
יש זמן לברוא חיים - וזמן להיפרד מהם.
יש עת לנטוע השקעות לעתיד - ועת להכיר בכך שתפקידן בא לקצו.

(ג) עֵת לַהֲרוֹג וְעֵת לִרְפּוֹא
עֵת לִפְרוֹץ וְעֵת לִבְנוֹת:
יש זמן להכות במזיקים - וזמן לרפא את הפצעים שנותרו מהם.
יש עת לפרוץ חומות - ועת לשוב ולבנותן מחדש.

(ד) עֵת לִבְכּוֹת וְעֵת לִשְׂחוֹק
עֵת סְפוֹד וְעֵת רְקוֹד:
יש זמן לבכות על החסרונות שבחיינו - וזמן לשמוח ביתרונותיהם.
יש עת להספיד את הטוב שנעדר מחיינו - ועת לרקוד על הטוב ששב אליהם.

(ה) עֵת לְהַשְׁלִיךְ אֲבָנִים וְעֵת כְּנוֹס אֲבָנִים
עֵת לַחֲבוֹק וְעֵת לִרְחֹק מֵחַבֵּק:
יש זמן להרוס מבנים - ויש זמן לשקם אותם. יש עת לקרב אלינו אנשים ותופעות - ועת להתרחק מהם.

(ו) עֵת לְבַקֵּשׁ וְעֵת לְאַבֵּד
עֵת לִשְׁמוֹר וְעֵת לְהַשְׁלִיךְ:
יש זמן למקד את תשומת הלב בדברים מסוימים - וזמן להסיר מהם את תשומת הלב. יש עת לאגור חפצים וחוויות - ועת להשליכם מחיינו

(ז) עֵת לִקְרוֹעַ וְעֵת לִתְפּוֹר
עֵת לַחֲשׁוֹת וְעֵת לְדַבֵּר:

יש זמן לקרוע קשרים - וזמן לאחותם.
יש עת לשתוק - ועת לומר את אשר על ליבנו.

(ח) עֵת לֶאֱהֹב וְעֵת לִשְׂנֹא
עֵת מִלְחָמָה וְעֵת שָׁלוֹם:

יש זמן לאהוב את הצדיקים - וזמן לשנוא את הרשעים. יש עת להילחם ברע שבמציאות - ועת לחפש את ההרמוניה.

כעת, לאחר שתיארנו את השברירירות והזמניות של התחושות, הרצונות וההישגים המרכיבים את חיי האדם - עולה מאליה השאלה:

(ט) מַה יִּתְרוֹן הָעוֹשֶׂה בַּאֲשֶׁר הוּא עָמֵל:

מהו המניע שלנו להשקיע בענייני העולם הזה, אם ברור לכול שהכול חולף ואינו נותר לעד?

(י) רָאִיתִי אֶת הָעִנְיָן אֲשֶׁר נָתַן אֱלֹהִים לִבְנֵי הָאָדָם לַעֲנוֹת בּוֹ:

אני, שלמה המלך, מבין את מהותו של העולם הזה שנתן אלוהים לבני אדם לנהל עימו שיח ושיג ("לענות"), והוא:

(יא) אֶת הַכֹּל עָשָׂה יָפֶה בְעִתּוֹ גַּם אֶת הָעֹלָם נָתַן בְּלִבָּם מִבְּלִי אֲשֶׁר לֹא יִמְצָא הָאָדָם אֶת הַמַּעֲשֶׂה אֲשֶׁר עָשָׂה הָאֱלֹהִים מֵרֹאשׁ וְעַד סוֹף:

אלוהים ברא את העולם באופן מושלם, כך שכל דבר מופיע בו בדיוק בזמן הראוי לו ('בעתו'), ולבני אדם נתן בליבם את הבחירה לפעול בכל רגע ורגע, מבלי שיתברר להם החשבון האלוהי הכולל, כדי שתתאפשר להם הבחירה חופשית.

(יב) יָדַעְתִּי כִּי אֵין טוֹב בָּם כִּי אִם לִשְׂמוֹחַ וְלַעֲשׂוֹת טוֹב בְּחַיָּיו:

ואי לכך, אין לאדם להתמכר להנאות ולחוויות החומריות כשלעצמן, אלא

לפעול במסגרת כל זמן וזמן מתוך משמעות וחיבור לנצח ולטוב. כאשר יעשה כן - יחוש שמחה.

(יג) וְגַם כָּל הָאָדָם שֶׁיֹּאכַל וְשָׁתָה וְרָאָה טוֹב בְּכָל עֲמָלוֹ מַתַּת אֱלֹהִים הִיא:
במצב הנפשי הראוי, גם הנאות חומריות כדוגמת אכילה, שתייה ועבודה ('עמל'), יקבלו גדר של 'מתנת אלוהים', כלומר, גם צורכי העולם הזה מגלים את הטוב הנצחי.

(יד) יָדַעְתִּי כִּי כָּל אֲשֶׁר יַעֲשֶׂה הָאֱלֹהִים הוּא יִהְיֶה לְעוֹלָם עָלָיו אֵין לְהוֹסִיף וּמִמֶּנּוּ אֵין לִגְרֹעַ וְהָאֱלֹהִים עָשָׂה שֶׁיִּרְאוּ מִלְּפָנָיו:
כל אשר אלוהים עושה הוא מושלם ומדויק ויישאר כך לנצח. העובדה שהחיים מתגלים לעינינו כרצף של אירועים זמניים ומתחלפים, נועדה לטפח באדם יראת אלוהים, לבחור בכל רגע נתון בטוב, לא מתוך כפייה או הכרח אלא מתוך יראת גדלותו של ה'.

(טו) מַה שֶּׁהָיָה כְּבָר הוּא וַאֲשֶׁר לִהְיוֹת כְּבָר הָיָה וְהָאֱלֹהִים יְבַקֵּשׁ אֶת נִרְדָּף:
מכיוון שמצידו של אלוהים הכול כבר מושלם הרי "מה שהיה - כבר הוא": השלמות כבר גלומה בעבר, ו"אשר להיות - כבר היה": השלמות העתידית אף היא כבר נוכחת. ועל מנת ששלמות זו תבוא לידי ביטוי ממשי גם בחיינו בהווה, מבקש מאיתנו אלוהים לתקן את החסרונות והעוולות ('הנרדפים') בעולם הזה.

(טז) וְעוֹד רָאִיתִי תַּחַת הַשָּׁמֶשׁ מְקוֹם הַמִּשְׁפָּט שָׁמָּה הָרֶשַׁע וּמְקוֹם הַצֶּדֶק שָׁמָּה הָרָשַׁע:
אך בעת שאדם איננו פועל מתוך חיבור למשמעות האלוהית - במקום להכניס משפט וצדק לעולמנו, היינו, לחבר את המציאות הזמנית תחת השמש לזו הנצחית - הוא ממיר את 'מקומו של המשפט והצדק' בעוול ורשע. כך, למשל, הוא עשוי לרחם על אכזרים כדי לחוש נאוה.

(יז) אָמַרְתִּי אֲנִי בְּלִבִּי אֶת הַצַּדִּיק וְאֶת הָרָשָׁע יִשְׁפֹּט הָאֱלֹהִים כִּי עֵת לְכָל חֵפֶץ וְעַל כָּל הַמַּעֲשֶׂה שָׁם:

ולכן יש לזכור שהמשפט האלוהי יגיע באופן מדויק אף לרשע היושב לו ב'מקום הצדק' - גם אם יזכה למחיאות כפיים ול'לייקים' מהעולם כולו, ויוצג כ'צדיק' וכחברתי. בסופו של דבר, "עת לכל חפץ" - הרחמים והצדק נדרשים להופיע במקומם הראוי ובמעשה הנכון.

(יח) אָמַרְתִּי אֲנִי בְּלִבִּי עַל דִּבְרַת בְּנֵי הָאָדָם לְבָרָם הָאֱלֹהִים וְלִרְאוֹת שְׁהֶם בְּהֵמָה הֵמָּה לָהֶם:

אותם בני אדם שמדברים גבוהה־גבוהה - אלוהים יברר ("לברם") מה שוכן באמת בליבם. ועלול להתברר כי מאחורי הצטעצעות המילים והתדמית הנוצצת - הם והבהמה חד הם. שכן כאשר אדם אינו מנצל את הזמן שניתן לו מאת הקב"ה, אין כל יתרון מהותי בינו לבין הבהמה, שכן -

(יט) כִּי מִקְרֶה בְנֵי הָאָדָם וּמִקְרֶה הַבְּהֵמָה וּמִקְרֶה אֶחָד לָהֶם כְּמוֹת זֶה כֵּן מוֹת זֶה וְרוּחַ אֶחָד לַכֹּל וּמוֹתַר הָאָדָם מִן הַבְּהֵמָה אָיִן כִּי הַכֹּל הָבֶל:

כאשר מביטים על העולם הזה כשלעצמו - לא נמצא הבדל בין חיי אדם לבין חיי הבהמה המייצגת קיום חומרי וסתמי ('בה־מה?'). הן האדם הן הבהמה מתים ומסיימים את חייהם ללא יתרון מהותי זה על זו, ומתברר שקיומם חלף כ'הבל'.

(כ) הַכֹּל הוֹלֵךְ אֶל מָקוֹם אֶחָד הַכֹּל הָיָה מִן הֶעָפָר וְהַכֹּל שָׁב אֶל הֶעָפָר:

חיים המתנהלים בממד החומרי בלבד אינם מובילים לשום יעד של ממש. הכול מתחיל מתוך הריק ושב אליו, אל הריקנות הסתמית ('עפר').

(כא) מִי יוֹדֵעַ רוּחַ בְּנֵי הָאָדָם הָעֹלָה הִיא לְמָעְלָה וְרוּחַ הַבְּהֵמָה הַיֹּרֶדֶת הִיא לְמַטָּה לָאָרֶץ:

מי יוכל להבין ולדעת מהו ההבדל התהומי שבין רוח האדם לרוח הבהמה? רוחו של האדם נועדה לעלות מעלה - להתעלות לממד הערכי

והמוסרי; ואילו רוח הבהמה - טבעה הוא למשוך לכיוון מטה, אל השפלות.

(כב) וְרָאִיתִי כִּי אֵין טוֹב מֵאֲשֶׁר יִשְׂמַח הָאָדָם בְּמַעֲשָׂיו כִּי הוּא חֶלְקוֹ כִּי מִי יְבִיאֶנּוּ לִרְאוֹת בְּמֶה שֶׁיִּהְיֶה אַחֲרָיו:

מכאן המסקנה: אין לרדוף אחר הבלי העולם הזה, אלא לפעול בחלקת אלוהים שלנו: לעשות טוב וישר שיישאר לנצח. שהרי אם אדם יקדיש את חייו לרדיפה אחר דברים חולפים וזמניים - "מי יביאנו לראות במה שיהיה אחריו?".

# הפתרון לתחושת הארעיות – זיכרון משמעותי

הזמן הוא מציאות חולפת. ההכרה שכל חוויה שאנו חווים תגיע לקיצה בזמן כלשהו - גורמת לנו תחושת תסכול עמוקה. שורש התסכול נעוץ בתפיסת העולם הזה כחומרי גרידא, והחומר, כידוע, סופו להתכלות. גם השכחה קשורה לתלות שלנו בחוויה מטריאליסטית, כי בעת שחוויה זו חולפת אנו מתקשים לזכור אותה באופן מופשט. על מנת לנסות להתגבר על השכחה ועל חרדת הנטישה מנסה האנושות 'להקפיא' את הזמן בצורות שונות, בעבר באמצעות פיסול וציור, וכיום בעיקר באמצעות צילום. אולם לשווא - הזמן מוסיף לחלוף, והמוות אורב מעבר לפינה: "עֵת לָלֶדֶת וְעֵת לָמוּת עֵת לָטַעַת וְעֵת לַעֲקוֹר נָטוּעַ".

הפתרון טמון בגילוי הנקודה הנצחית שחבויה בכל חוויה - המשמעות הערכית. זו גם הכוונה במילה 'זיכרון' במובנה היהודי: מן השורש זכ"ר, המזוהה עם הזכר, הצד האקטיבי מבין בני הזוג, ומייצג את העמדה הנפשית שמאפשרת לזכור דברים. לא להתרפק באופן פסיבי על העבר אלא לפעול ולחיות אותו מחדש באופן אקטיבי. המוקד אינו ברגע שחולף אלא במשמעות הנצחית שהוא מותיר אחריו. הטוב האלוהי־נצחי איננו נעלם ואיננו כלה, אלא מתחיה מחדש בכל רגע של חיים בעלי משמעות ושמחה: "כִּי אֵין טוֹב בָּם כִּי אִם לִשְׂמוֹחַ וְלַעֲשׂוֹת טוֹב בְּחַיָּיו".

**כיצד עושים זאת?**

**סור מרע** – להמעיט בצילום ובתיעוד חיצוני של המאורעות; להיגמל משקיעה בחוויות נוסטלגיות שאינן מוסיפות ערך להווה או לעתיד; להימנע מהיקשרות יתר למעטפת החיצונית של החיים (לא להתקבע במקום מגורים מסוים אם המחשבה היא לעבור ממנו; לא לאגור חפצים שסיימו את תפקידם; לא להתרפק על קשרים עם דמויות מהעבר שכיום מזיקות לנו, וכו').

**עשה טוב** – להעמיק בלימוד תכנים מתוך הבנה ועניין, ולא רק בשינון חיצוני; למקד את תשומת הלב בזיכרון הפנימי־מהותי שנותר מן החוויה (למשל, לדבר על תחושת הגיבוש והקרבה שנוצרו בטיול המשפחתי, ולא על סוג הרכב שבו נסענו; או לעסוק בממד הערכי שצמח מההחברות או מהמסגרת שהיינו שותפים לה); וכמו תמיד, לעסוק בלימוד תורני, הממלא את התודעה בתוכן ערכי ומאפשר לנו למקד את המבט למשמעות העמוקה של כל חוויית חיים.

אימון הנפש לזיכרון משמעותי מאפשר לנפות זיכרונות לא רלוונטיים, ולהתמקד בתוכן הערכי שנותר וממשיך ללוות את חיינו הלאה. כך ממילא הולכות ופוחתות תחושות הארעיות וחוסר הטעם בחיינו.

## פרק ד

# שרירותיות

לאחר שהנפש נוכחת לדעת שלא תמצא אושר נצחי בנכסים חומריים או בהישגים זמניים, היא מנסה לתלות את יהבה בתחושת הצדק: אולי דווקא הופעתו הגלויה של הצדק בעולם תעניק לה סיפוק ונחמה? גם את התקווה הזאת שלמה המלך מפריך.

(א) וְשַׁבְתִּי אֲנִי וָאֶרְאֶה אֶת כָּל הָעֲשֻׁקִים אֲשֶׁר נַעֲשִׂים תַּחַת הַשָּׁמֶשׁ וְהִנֵּה דִּמְעַת הָעֲשֻׁקִים וְאֵין לָהֶם מְנַחֵם וּמִיַּד עֹשְׁקֵיהֶם כֹּחַ וְאֵין לָהֶם מְנַחֵם:

אנו מביטים על דמעת העשוקים, שנגזלו ונרמסו בידי עושקיהם בעלי הכוח, והינה מתברר שהנחמה מהם והלאה. צדק הם אינם מוצאים בעולמנו.

(ב) וְשַׁבֵּחַ אֲנִי אֶת הַמֵּתִים שֶׁכְּבָר מֵתוּ מִן הַחַיִּים אֲשֶׁר הֵמָּה חַיִּים עֲדֶנָה:

השרירותיות לכאורה של ההנהגה האלוהית בולטת כל כך בעולמנו, עד שלעיתים נדמה שעדיף להיות בין המתים ולא בין החיים בעולם רווי עוולה.

(ג) וְטוֹב מִשְּׁנֵיהֶם אֵת אֲשֶׁר עֲדֶן לֹא הָיָה אֲשֶׁר לֹא רָאָה אֶת הַמַּעֲשֶׂה הָרָע אֲשֶׁר נַעֲשָׂה תַּחַת הַשָּׁמֶשׁ:

ואולי עדיף שלא להיוולד כלל כדי שלא להיחשף לחוסר הצדק המשווע שהוא נחלתם של החיים.

(ד) וְרָאִיתִי אֲנִי אֶת כָּל עָמָל וְאֵת כָּל כִּשְׁרוֹן הַמַּעֲשֶׂה כִּי הִיא קִנְאַת אִישׁ מֵרֵעֵהוּ גַּם זֶה הֶבֶל וּרְעוּת רוּחַ:

ביטוי נוסף לחוסר הצדק בעולם הוא שהחריצות והכישרונות האנושיים אינם תמיד נחלתם של הראויים לכך. לעיתים משתמש אדם במתנות שאלוהים חנן אותו בהן, רק כדי להתפאר ולעורר קנאה אצל הזולת. אלא שסיפוק מדומה זה חולף במהרה ונמוג.

(ה) הַכְּסִיל חֹבֵק אֶת יָדָיו וְאֹכֵל אֶת בְּשָׂרוֹ:

מחד, הימנעות מניצול הכישרונות וישיבה בחיבוק ידיים - הן טיפשות שמכלה את בעליה.

(ו) טוֹב מְלֹא כַף נָחַת מִמְּלֹא חָפְנַיִם עָמָל וּרְעוּת רוּחַ:

מאידך, פעלתנות מוגזמת ועשייה מבוהלת נטולת נחת - אף הן עמל שסופו לריק.

(ז) וְשַׁבְתִּי אֲנִי וָאֶרְאֶה הֶבֶל תַּחַת הַשָּׁמֶשׁ:

בין כה וכה, תחושת משמעות וצדק לא נמצאת "תחת השמש", לא כאן ולא שם.

(ח) יֵשׁ אֶחָד וְאֵין שֵׁנִי גַּם בֵּן וָאָח אֵין לוֹ וְאֵין קֵץ לְכָל עֲמָלוֹ גַּם עֵינָיו לֹא תִשְׂבַּע עֹשֶׁר וּלְמִי אֲנִי עָמֵל וּמְחַסֵּר אֶת נַפְשִׁי מִטּוֹבָה גַּם זֶה הֶבֶל וְעִנְיַן רָע הוּא:

ישנה מציאות של אדם בודד ו'אין שני לו', כלומר, הוא ערירי ללא בן וללא אח שיוריש להם את רכושו, ואף על פי כן כל חייו הוא רודף אחרי העושר והוא אינו שבע. בסופו של דבר, הוא מכלה את ימיו ללא טובה וללא נחת - ואף זהו ביטוי לחוסר הצדק המובנה בחיי המין האנושי.

(ט) טוֹבִים הַשְּׁנַיִם מִן הָאֶחָד אֲשֶׁר יֵשׁ לָהֶם שָׂכָר טוֹב בַּעֲמָלָם:

לעומת זאת, כאשר אדם אינו חי בגפו אלא ב'שְנַיִם' - באורח חיים של חיבור, שותפות והמשכיות עם זולת - ניכר כי עמלו מביא עימו תועלת. שלמה רומז כאן לאפשרות של גילוי נקודת צדק בעולמנו - חיבור לכלל - לזוגיות, למשפחה, לאומה.

(י) כִּי אִם יִפֹּלוּ הָאֶחָד יָקִים אֶת חֲבֵרוֹ וְאִילוֹ הָאֶחָד שֶׁיִּפּוֹל וְאֵין שֵׁנִי לַהֲקִימוֹ:

כשאדם עומד לבדו מול פגעי החיים הוא איננו יכול לראות כיצד הצדק עתיד לנצח וכיצד הטוב עתיד להתגבר. מה שאין כן במציאות של ציבור ('שניים'), שהיא בעלת פרספקטיבה של דורות.

(יא) גַּם אִם יִשְׁכְּבוּ שְׁנַיִם וְחַם לָהֶם וּלְאֶחָד אֵיךְ יֵחָם:

המציאות הזוגית אף היא ביטוי לחיבור העדין אל הכלל, חיבור שמאפשר 'חום' - אנרגיה חיובית והמשכיות של הדור הבא.

(יב) וְאִם יִתְקְפוֹ הָאֶחָד הַשְּׁנַיִם יַעַמְדוּ נֶגְדּוֹ וְהַחוּט הַמְשֻׁלָּשׁ לֹא בִמְהֵרָה יִנָּתֵק:

החיבורות מאפשר לאדם לעמוד לא רק בפני פגעי הטבע אלא אף במלחמה מול פגעי אנוש, והיא מביאה אף לחוסן נפשי ולאיזון - "והחוט המשולש לא במהרה ינתק" (בתורת הסוד המספר אחד מבטא את המקור הראשוני, שניים - את הפיצול בין שני קצוות, ואילו שלוש - את הגורם המאחד והמאזן).

(יג) טוֹב יֶלֶד מִסְכֵּן וְחָכָם מִמֶּלֶךְ זָקֵן וּכְסִיל אֲשֶׁר לֹא יָדַע לְהִזָּהֵר עוֹד:

נשוב לחוסר הצדק שבעולמנו. לעיתים אנו פוגשים במציאות של "ילד מסכן וחכם" - אדם משכיל וטוב אך נמצא במעמד של "מסכן" וחסר מעמד והשפעה בחברה. ולעומתו ישנו "מלך זקן וכסיל" - אדם טיפש וחסר זהירות המצוי בעמדת שליטה וכוח.

(יד) כִּי מִבֵּית הָסוּרִים יָצָא לִמְלֹךְ כִּי גַּם בְּמַלְכוּתוֹ נוֹלַד רָשׁ:

וזאת, למרות שמלכותו של 'המלך הזקן' מגיעה ממעמד אישיותי בוסרי ("סורי הגפן הנוכריה" ירמיהו ב, כא), וכבר מראשית מלכותו הוא "רש" - אישיותו ענייה מדעת.

(טו) רָאִיתִי אֶת כָּל הַחַיִּים הַמְהַלְּכִים תַּחַת הַשָּׁמֶשׁ עִם הַיֶּלֶד הַשֵּׁנִי אֲשֶׁר יַעֲמֹד תַּחְתָּיו:

התסכול מחוסר הצדק עלול לעבור גם לדור הבא. לעיתים אותו מנהיג כושל מוריש את הנהגתו למישהו דומה לו ("הילד השני") ולא ל'ילד המסכן והחכם'.

(טז) אֵין קֵץ לְכָל הָעָם לְכֹל אֲשֶׁר הָיָה לִפְנֵיהֶם גַּם הָאַחֲרוֹנִים לֹא יִשְׂמְחוּ בוֹ כִּי גַם זֶה הֶבֶל וְרַעְיוֹן רוּחַ:

הכשל נמשך וחוצה דורות - אין־ספור אנשים נכשלו בעבר תחת הנהגתו של "המלך" הראשון, וכעת גם הדור החדש נכשל תחת הנהגת "הילד

השני" שעמד תחתיו - וכל אלה מצטרפים לתחושת הקבס בדבר ה"הבל" וחוסר התוחלת שבתולדות האנושות.

(יז) שְׁמֹר רַגְלְךָ כַּאֲשֶׁר תֵּלֵךְ אֶל בֵּית הָאֱלֹהִים וְקָרוֹב לִשְׁמֹעַ מִתֵּת הַכְּסִילִים זָבַח כִּי אֵינָם יוֹדְעִים לַעֲשׂוֹת רָע:

אפילו כאשר אדם פונה "לבית האלוהים" מתוך רצון למצוא קרבת ה' ומשמעות בעולם הדתי, עדיין הוא עלול להיכשל ב'רגליו', ולנהוג מתוך הרגל, כדוגמת הטיפשים שמקריבים "זבח" לאלוהים. אף שבתמימותם "אינם יודעים לעשות רע", לבסוף הם נכשלים בהתנהגות רעה שלא בכוונה. כלומר, תחושות של חוסר צדק וחוסר תוחלת עלולות לעלות גם מתוך ההתבוננות בעולם דתי כושל.

# הפתרון לתחושת השרירותיות - פיתוח מבט בעל פרספקטיבה

תחושת התסכול על חוסר הצדק שקיים כביכול בעולמו של אלוהים היא אחת הסיבות לחוסר אמונה בעידן המודרני. תרבות בעלת תודעה מוסרית מפותחת מתקשה להשלים עם השרירותיות שבה כביכול מתנהלת ההנהגה האלוהית: מחלות, פגעי טבע, מלחמות, עושק ועוול, "וָאֶרְאֶה אֶת כָּל הָעֲשֻׁקִים אֲשֶׁר נַעֲשִׂים תַּחַת הַשָּׁמֶשׁ וְהִנֵּה דִּמְעַת הָעֲשֻׁקִים וְאֵין לָהֶם מְנַחֵם". תחושות המועקה הללו הולכות ומתחדדות בעת אסון אישי, לאומי או עולמי.

הפתרון לכך טמון בפיתוח מבט מופשט בעל פרספקטיבה. אם מביטים על החיים דרך משקפי החומר לבדם, המציאות אכן יכולה להטעות. החומרנות נוגעת רק ב'כאן ועכשיו', ואינה מסוגלת לתפוס תהליכים ארוכי טווח. כיוון שהמבט הוא לטווח הקצר, כל נזק, ולו הקטן ביותר, יוצא מפרופורציה וההנהגה האלוהית נחווית כשרירותית. לעומת זאת, מבט מופשט ובעל פרספקטיבה היסטורית מגלה כיצד ההיסטוריה נעה אט־אט אל כיוון של תיקון: תרבויות של רשע קורסות והאמת לבסוף מנצחת, גם אם הדבר מתרחש לאחר אלפי שנים. מתוך נקודת מבט זו, מתברר למפרע שגם רגעי חוסר הצדק הנקודתיים היו חלק מהדרך שבה הקדוש ברוך הוא מקדם את עולמו אל הטוב.

הצדק והאמת שבהנהגה האלוהית אינם ניכרים תמיד בטווח הקצר, אלא מתבהרים לאורך זמן. "כל מה שעושה הקדוש ברוך הוא הכול לטובה" - לא שהכול טוב עכשיו, אלא שהכול יתגלגל לטובה. טובה שהולכת וצומחת לאיטה במהלך ההיסטוריה - ברובד האישי, האנושי והקוסמולוגי. קוראים לכך: פרספקטיבה. שלמה המלך רומז על כך במילים: "טוֹבִים הַשְּׁנַיִם מִן הָאֶחָד אֲשֶׁר יֵשׁ לָהֶם שָׂכָר טוֹב בַּעֲמָלָם. כִּי אִם יִפֹּלוּ הָאֶחָד יָקִים אֶת חֲבֵרוֹ וְאִילוֹ הָאֶחָד שֶׁיִּפּוֹל וְאֵין שֵׁנִי לַהֲקִימוֹ". "אחד" מייצג את האדם הפרטי שמסוגל לחוות רק את ההווה הפרטי שלו, שהוא כאמור אינו תמיד מואר בצדק ובטוב; "שניים", לעומת זאת, מייצגים שותפות שיש בה המשכיות לטווח ארוך, מעבר לפרטיות המוגבלת של ה'כאן ועכשיו'.

**כיצד עושים זאת?**

**סור מרע** - לצמצם ככל האפשר את החשיפה לחדשות רעות מעבר למינימום הנדרש; להימנע מחיטוט באסונות וברגעים שבהם נדמה שהרוע גבר - בין ברמה האישית ובין ברמה העולמית - אלא אם כן מדובר בהפקת לקחים שנדרשת לעתיד.

**עשה טוב** - לעסוק בלימוד תהליכים ארוכי טווח בהיסטוריה; להתבונן בנתונים סטטיסטיים ולבחון את המציאות באופן רחב ואובייקטיבי, ולא מצומצם ונקודתי; לסקור באופן שיטתי את מגמות ההתקדמות, האישית והעולמית, במהלך השנים; להתעמק בלימוד תורה שמביא בהכרח להתמקדות בטוב ובפרספקטיבה שקיימים במציאות.

ככל שנאמן את שריר הפרספקטיבה, ילכו ויתפוגגו מן הנפש תחושות חוסר הצדק. ובמקום זאת, נתחיל להבחין בתהליכים ארוכים ומתמשכים, שבהם ניכרת היושרה העמוקה והדיוק המופלא שבהנהגה האלוהית.

פרק ה

# יומרנות

ניסיון נוסף של בני האדם למצוא אושר בחייהם נעשה באמצעות דמיונות ויומרות נשגבים. החלום, והדיבור עליו, מעניקים אשליה של אושר ועניין לטווח קצר. גם כאן מתברר לבסוף שאין בדבר ממש.

(א) אַל תְּבַהֵל עַל פִּיךָ וְלִבְּךָ אַל יְמַהֵר לְהוֹצִיא דָבָר לִפְנֵי הָאֱלֹהִים כִּי הָאֱלֹהִים בַּשָּׁמַיִם וְאַתָּה עַל הָאָרֶץ עַל כֵּן יִהְיוּ דְבָרֶיךָ מְעַטִּים:

קיים פער אדיר בין דמיונות הלב ודיבורי השפתיים של האדם, לבין התפקיד שאלוהים מייעד לו באמת. האמת האלוהית היא שם־שם־שם ("שמים"), ואילו האדם מצוי במרחב אחר שבו הוא רץ ("ארץ").

(ב) כִּי בָּא הַחֲלוֹם בְּרֹב עִנְיָן וְקוֹל כְּסִיל בְּרֹב דְּבָרִים:

החלומות ממלאים את נפש האדם בממשות מדומה ("רוב ענין"), והטיפש מתחייב בדיבורים רמים ורבים על יומרותיו.

(ג) כַּאֲשֶׁר תִּדֹּר נֶדֶר לֵאלֹהִים אַל תְּאַחֵר לְשַׁלְּמוֹ כִּי אֵין חֵפֶץ בַּכְּסִילִים אֵת אֲשֶׁר תִּדֹּר שַׁלֵּם:

הכסיל נודר נדרים לעצמו ולאחרים, אך אינו עומד בהם. לכן אדם המתיימר להגיע ליעד מסוים ("נדר לאלוהים"), ראוי שיעריך היטב את כוחותיו ולא יאחר 'לשלם את הנדר'. שהרי אין לעולם צורך בכסילים הגורמים לתסכולים בנדריהם שאינם משולמים. אלא "את אשר תידור - שלם".

(ד) טוֹב אֲשֶׁר לֹא תִדֹּר מִשֶּׁתִּדּוֹר וְלֹא תְשַׁלֵּם:

יתרה מזו, טוב לו לאדם שלא יתחייב וישאף כלל, משיתחייב התחייבויות שווא וישאף שאיפות שאין בידו למלא.

(ה) אַל תִּתֵּן אֶת פִּיךָ לַחֲטִיא אֶת בְּשָׂרֶךָ וְאַל תֹּאמַר לִפְנֵי הַמַּלְאָךְ כִּי שְׁגָגָה הִיא לָמָּה יִקְצֹף הָאֱלֹהִים עַל קוֹלֶךָ וְחִבֵּל אֶת מַעֲשֵׂה יָדֶיךָ:

לפה האנושי יש נטייה לנדור נדרים יומרניים וחסרי אחריות, שמביאים

את האדם "להחטיא את בשרו", היינו לא לעמוד בהתחייבויות שקיבל על עצמו. ואז הוא מבקש להתנצל לפני השליח ("המלאך") שנשלח לגבות את החוב שנדר בשגגה. אך מוטב לו לאדם מלכתחילה שלא לפתח הרגל לדבר דיבורים ריקים, הרגל שעלול לעורר את ה'קצף' של אלוהים ולהביא ל'חיבול' בפעולותיו של האדם.

(ו) כִּי בְרֹב חֲלֹמוֹת וַהֲבָלִים וּדְבָרִים הַרְבֵּה כִּי אֶת הָאֱלֹהִים יְרָא:
במקום לשגות בחלומות, בדמיונות ובמלל אין־סופי, נכון לאדם להיות בעמדה של ענווה ויראה נוכח האמת האלוהית.

(ז) אִם עֹשֶׁק רָשׁ וְגֵזֶל מִשְׁפָּט וָצֶדֶק תִּרְאֶה בַמְּדִינָה אַל תִּתְמַהּ עַל הַחֵפֶץ כִּי גָבֹהַּ מֵעַל גָּבֹהַּ שֹׁמֵר וּגְבֹהִים עֲלֵיהֶם:
גם אם אדם רואה חוסר צדק משווע בעולם - אל לו לתמוה על הרצון האלוהי שמנהיג את הבריאה, ולברוח אל עולם של אשליות. אלא על האדם להבין כי המבט האלוהי - "גבוה מעל גבוה" - מקיף את המציאות כולה וממתין ("שומר") לרגע הנכון והמדויק שבו יביא את הדין מלמעלה ("גבוהים") על החוטאים.

כעת, שב שלמה המלך לרעיון שאין לאדם להתיימר לחרוג מן התפקיד שנועד לו בעולם.

(ח) וְיִתְרוֹן אֶרֶץ בַּכֹּל הוּא מֶלֶךְ לְשָׂדֶה נֶעֱבָד:
ה"יתרון" הדמיוני שיש לכאורה לאדם אחד על פני רעהו - מתבטל במפגש עם המציאות הארצית. 'כל' בני האדם שווים לנוכח התפקיד שייעד להם הבורא. גם ה'מלך', על כל כוחו והדרו, איננו אלא עבד "לשדה", כבול לתנאי החיים הארציים שקבע לו הקב"ה.

(ט) אֹהֵב כֶּסֶף לֹא יִשְׂבַּע כֶּסֶף וּמִי אֹהֵב בֶּהָמוֹן לֹא תְבוּאָה גַּם זֶה הָבֶל:
מי שחולם על צבירת ממון מעבר למידה הראויה לו - לא יבוא לעולם על סיפוקו. ומי שמתיימר לצבור המון ממון ("בהמון") - לא יצמיח פרי תבואה של ממש מכך, אלא יישאר בתסכול מתמיד. ואף זהו "הבל".

(י) בִּרְבוֹת הַטּוֹבָה רַבּוּ אוֹכְלֶיהָ וּמַה כִּשְׁרוֹן לִבְעָלֶיהָ כִּי אִם רְאוּת עֵינָיו:

כאשר אדם מבקש להגשים את יומרותיו ומוסיף לעצמו שפע של "טובה" - אם בממון, אם בכבוד וכדומה - מתרבים גם אלו שנהנים מפירות עמלו ו'אוכלים' את רכושו. מה, אם כן, הועילו לו כישרונותיו? בסופו של דבר, לא נותרו לו אלא הדמיונות שראו עיניו.

(יא) מְתוּקָה שְׁנַת הָעֹבֵד אִם מְעַט וְאִם הַרְבֵּה יֹאכֵל וְהַשָּׂבָע לֶעָשִׁיר אֵינֶנּוּ מַנִּיחַ לוֹ לִישׁוֹן:

אדם נטול יומרות דמיוניות, שרק "עובד" כדי למלא את ייעודו האמיתי, חש שלווה נפשית בין "אם מעט ואם הרבה יאכל". לעומתו, מי שחפץ כל העת להרבות את נכסיו, גם כאשר יזכה לעושר ולשובע, לעולם לא ימצא מנוח לנפשו.

(יב) יֵשׁ רָעָה חוֹלָה רָאִיתִי תַּחַת הַשָּׁמֶשׁ עֹשֶׁר שָׁמוּר לִבְעָלָיו לְרָעָתוֹ:

יתרה מזו, לעיתים, דווקא צבירת הנכסים היא לרעתו של האדם ומזמנת אליו אויבים ופגעים.

(יג) וְאָבַד הָעֹשֶׁר הַהוּא בְּעִנְיַן רָע וְהוֹלִיד בֵּן וְאֵין בְּיָדוֹ מְאוּמָה:

במצב כזה, העושר אובד מבלי שהביא כל תועלת לבעליו, וגם לבנו-יורשו לא נותר מאומה.

(יד) כַּאֲשֶׁר יָצָא מִבֶּטֶן אִמּוֹ עָרוֹם יָשׁוּב לָלֶכֶת כְּשֶׁבָּא וּמְאוּמָה לֹא יִשָּׂא בַעֲמָלוֹ שֶׁיֹּלֵךְ בְּיָדוֹ:

בין כך ובין כך, היומרה לצבור נכסים - כספיים, חברתיים או חווייתיים - אינה מלווה את האדם ביום מותו, אז ישוב לאדמה "ערום" כפי שבא "מבטן אמו". דבר מכל מה שעמל תחת השמש, לא ייוותר עימו.

(טו) וְגַם זֹה רָעָה חוֹלָה כָּל עֻמַּת שֶׁבָּא כֵּן יֵלֵךְ וּמַה יִּתְרוֹן לוֹ שֶׁיַּעֲמֹל לָרוּחַ:

כל אשר עמלנו למענו ('לעומתו'), כל אשר התיימרנו לכבוש ולהשיג

בעולם הזה - כל אלה, ילכו מאיתנו ביום מותנו. ומה, אם כן, היתרון שנותר לאדם בעמל שהוא עמל "לרוח"?

(טז) גַּם כָּל יָמָיו בַּחֹשֶׁךְ יֹאכֵל וְכָעַס הַרְבֵּה וְחָלְיוֹ וָקָצֶף:

השוגה באשליות וביומרות, חי כל העת בתחושת דיכאון ("בחושך"), כעס, תסכול וקצף.

(יז) הִנֵּה אֲשֶׁר רָאִיתִי אָנִי טוֹב אֲשֶׁר יָפֶה לֶאֱכוֹל וְלִשְׁתּוֹת וְלִרְאוֹת טוֹבָה בְּכָל עֲמָלוֹ שֶׁיַּעֲמֹל תַּחַת הַשֶּׁמֶשׁ מִסְפַּר יְמֵי חַיָּיו אֲשֶׁר נָתַן לוֹ הָאֱלֹהִים, כִּי הוּא חֶלְקוֹ:

לעומת זאת, כאשר האדם אינו לוקה במגלומניה, אלא מכיר בתפקידו ומכוון את האנרגיה שלו למקום הראוי - הוא זוכה לשמוח בחלקו, ולחיות חיי שלווה ואיזון.

(יח) גַּם כָּל הָאָדָם אֲשֶׁר נָתַן לוֹ הָאֱלֹהִים עֹשֶׁר וּנְכָסִים וְהִשְׁלִיטוֹ לֶאֱכֹל מִמֶּנּוּ וְלָשֵׂאת אֶת חֶלְקוֹ וְלִשְׂמֹחַ בַּעֲמָלוֹ זֹה מַתַּת אֱלֹהִים הִיא:

במצב כזה, גם אם חלקו של האדם בעולם הוא "עושר ונכסים", כלומר, אלוהים העמיד אותו ("השליטו") בעמדות של כוח והשפעה - הרי שזוהי "מתת אלוהים" טובה.

(יט) כִּי לֹא הַרְבֵּה יִזְכֹּר אֶת יְמֵי חַיָּיו כִּי הָאֱלֹהִים מַעֲנֶה בְּשִׂמְחַת לִבּוֹ:

אתגר העושר קשה, מפני ש"לא הרבה" מבין בעלי הממון זוכרים בימי חייהם, שדווקא "האלוהים" הוא שהעניק להם ('נענה' להם) כישרונות ושאיפות מותאמות, אשר מהן באה להם גם שמחת ליבם. וברגע שהם שוכחים זאת ושוגים בדמיונות ובשחצנות - הם מתנתקים ממקור האושר האמיתי.

# הפתרון לאכזבה מיומרות שווא - מודעות עצמית

מאז ומעולם העניקו הדמיונות השראה להתקדמות האנושית. הדמיון מאפשר להשתחרר מחשבתית מן המסגרת המוגבלת שבה אנו מצויים, ולחלום על מצב טוב יותר. יחד עם זאת, קיים הבדל בין דמיון ראוי, שמותאם לכישרונות וליכולות של האדם ומעניק לו השראה, לבין פנטזיה יומרנית שמצויה בפער גדול מדי מן המצב הריאלי הנתון. בדור שלנו, שבו היכולות הטכנולוגיות ומרחבי הידע אדירים, אף הדמיונות פרועים וחסרי גבולות (בהובלת תעשיית המדיה). וכאשר הפנטזיות אינן מתממשות, נוצר תסכול אדיר בנפש: "כִּי בְרֹב חֲלֹמוֹת וַהֲבָלִים וּדְבָרִים הַרְבֵּה".

הפתרון טמון בפיתוח מודעות עצמית שתסייע לאדם להתאים את דמיונותיו ליכולותיו הריאליות. "כָּל הָאָדָם אֲשֶׁר נָתַן לוֹ הָאֱלֹהִים עֹשֶׁר וּנְכָסִים וְהִשְׁלִיטוֹ לֶאֱכֹל מִמֶּנּוּ וְלָשֵׂאת אֶת חֶלְקוֹ וְלִשְׂמֹחַ בַּעֲמָלוֹ - זֹה מַתַּת אֱלֹהִים הִיא". אדם אינו אמור להתכחש לכישרונותיו, לעושרו או למעמדו - אלא להכיר בהם כמתנה מאלוהים, לזהות אותם באופן מדויק ולכוון את שאיפותיו אליהם, לא פחות ולא יותר.

**כיצד עושים זאת?**

**סור מרע** - לצמצם צפייה בסרטים בכלל, ובסרטי פנטזיה בפרט; להימנע מדמיונות לא ריאליים בעליל; לא לשקוע בהזיות; להימנע מהתחייבויות להישגים יומרניים שאינם תואמים את גבולות היכולת והסבירות.

**עשה טוב** - לערוך בירור מעמיק של יכולותינו וכישרונותינו, עדיף באמצעות גורם חיצוני (למשל, מבחן הערכה); להכיר היטב ובאופן ריאלי את דרישות ההישג או היעד שאליו אנו שואפים; להעדיף עיסוק המבוסס על קריאת ספרי עיון (בעיקר תורניים), שמפתח את השכל הישר ולא את הדמיון הפרוע; וכן להשקיע בטיפוח יכולות ריאליות באמצעות לימוד מדעים מדויקים ועיסוק בעבודה מעשית ומדידה.

ככל שהמודעות העצמית של האדם מתחדדת, וככל שהוא מכיר לעומק את ייעודו האמיתי בעולמו של אלוהים, כך הוא ממעט לשגות באשליות שווא. מלבד זאת, הולך ומתברר לו טבעו האמיתי של העולם שבו הוא חי: "הָאֱלֹהִים מַעֲנֶה בְּשִׂמְחַת לִבּוֹ" - אלוהים נענה לאדם באופן מדויק בהתאם לייעודו ותפקידו, והכרה זו עצמה מולידה שמחה.

## פרק ו

# החמצה

(א) יֵשׁ רָעָה אֲשֶׁר רָאִיתִי תַּחַת הַשָּׁמֶשׁ וְרַבָּה הִיא עַל הָאָדָם:
תהליך הריקנות שחווה האדם הולך ומתגבר ונהיה 'רעה רבה'. עד כה דובר על אדם ששואף לכסף, לנכסים ולכבוד, ואלה אינם עולים בידו. תחושת ההתחדשות וההישגיות התבררה כמדומה וזמנית, וגררה לתחושה חריפה של חוסר צדק בעולם. אולם ישנה רעה חמורה ממנה "תחת השמש": אדם שיש לו הכול ובכל זאת חי בתחושת החמצה מתמדת. במצב זה ה"רעה" היא "רבה" כפליים.

(ב) אִישׁ אֲשֶׁר יִתֶּן לוֹ הָאֱלֹהִים עֹשֶׁר וּנְכָסִים וְכָבוֹד וְאֵינֶנּוּ חָסֵר לְנַפְשׁוֹ מִכֹּל אֲשֶׁר יִתְאַוֶּה וְלֹא יַשְׁלִיטֶנּוּ הָאֱלֹהִים לֶאֱכֹל מִמֶּנּוּ כִּי אִישׁ נָכְרִי יֹאכְלֶנּוּ זֶה הֶבֶל וָחֳלִי רָע הוּא:
לעיתים, אלוהים מעניק לאדם את כל אשר ליבו חומד - "עושר ונכסים וכבוד", ואזי נדמה לו כי הגיע אל פסגת חייו. דא עקא, בסופו של דבר מתברר כי החלום לא התממש, מפני ש"איש נכרי יאכלנו" - אותו 'איש נכרי' עשוי להיות גם יצר הרע המצוי בליבו של האדם - וזוהי תחושת החמצה קשה מנשוא.

(ג) אִם יוֹלִיד אִישׁ מֵאָה וְשָׁנִים רַבּוֹת יִחְיֶה וְרַב שֶׁיִּהְיוּ יְמֵי שָׁנָיו וְנַפְשׁוֹ לֹא תִשְׂבַּע מִן הַטּוֹבָה וְגַם קְבוּרָה לֹא הָיְתָה לּוֹ אָמַרְתִּי טוֹב מִמֶּנּוּ הַנָּפֶל:
גם אם יינתן לאדם עולם ומלואו - "מאה" ילדים, שנים רבות של חיים, ויחד עם זאת - הוא אינו מוצא בהם סיפוק. ו"גם קבורה" במשמעות של מנוחה נצחית "לא הייתה לו", כלומר, הוא לא מצא ערך רוחני בחייו ו"טוב ממנו הנפל". הוולד שלא נולד לפחות לא חווה את תחושת ההחמצה של בזבוז פוטנציאל.

(ד) כִּי בַהֶבֶל בָּא וּבַחֹשֶׁךְ יֵלֵךְ וּבַחֹשֶׁךְ שְׁמוֹ יְכֻסֶּה:
חייו של אדם כזה הם חסרי ממשות ("הבל") וכאילו לא התקיימו מעולם. הוא הלך "בחושך" מבלי להשאיר אחריו חותם ושם בעולמנו.

(ה) גַּם שֶׁמֶשׁ לֹא רָאָה וְלֹא יָדָע נַחַת לָזֶה מִזֶּה:

**הוא כביכול לא זכה מעולם לחוות את אור ה"שמש". נמצא ש"לזה" - לנפל שלא נולד ולא חווה את הפער בין הפוטנציאל לבין חוסר המימוש שלו, יש יותר נחת "מזה" - מאדם שחי חיים של החמצה.**

(ו) וְאִלּוּ חָיָה אֶלֶף שָׁנִים פַּעֲמַיִם וְטוֹבָה לֹא רָאָה הֲלֹא אֶל מָקוֹם אֶחָד הַכֹּל הוֹלֵךְ:

**וגם אם אותו אדם, ברוך הכישרונות ורב הנכסים, יחיה אלף שנים כפול שניים (כביטוי לשלמות כמותית מוחלטת), אולם "טובה לא ראה" משום שלא נפתח למשמעות החיים - מה ייוותר בידו מכל אלה? "הלא אל מקום אחד הכל הולך" - חיי החומר, משוכללים ומרשימים ככל שיהיו, כלים בסופו של דבר ומובילים אל המוות.**

(ז) כָּל עֲמַל הָאָדָם לְפִיהוּ וְגַם הַנֶּפֶשׁ לֹא תִמָּלֵא:

**כאשר כל עמלו של האדם הוא רק "לפיהו" - לצורכי העולם הזה המיידיים, הרי "גם הנפש לא תמלא" - הוא לעולם לא יחוש סיפוק ושלווה נפשית.**

(ח) כִּי מַה יּוֹתֵר לֶחָכָם מִן הַכְּסִיל מַה לֶּעָנִי יוֹדֵעַ לַהֲלֹךְ נֶגֶד הַחַיִּים:

**בעולם חסר ערכים אין יתרון לחכם על פני הכסיל, שניהם מסיימים את חייהם בתחושת ריקנות והחמצה. בעולם כזה, מה יועיל לעני לדעת? לשם מה ילך ויתאמץ לשחות נגד זרם חייו האומללים, אם כל ידע שירכוש לא יסייע לו להיחלץ מתחושת ההחמצה והסתמיות?**

(ט) טוֹב מַרְאֵה עֵינַיִם מֵהֲלָךְ נָפֶשׁ גַּם זֶה הֶבֶל וּרְעוּת רוּחַ:

**המחשבה שלפיה דמיונות שנותרו ברמה המופשטת בלבד ("מראה עיניים") עדיפים על אורח חיים שמשביע את הנפש, היא מחשבת "הבל". הפער בין הדמיון לבין חוסר מימושו מביא לתחושת החמצה, שהיא ההפך הגמור משלוות נפש.**

(י) מַה שֶּׁהָיָה כְּבָר נִקְרָא שְׁמוֹ וְנוֹדָע אֲשֶׁר הוּא אָדָם וְלֹא יוּכַל לָדִין עִם שֶׁהַתַּקִּיף מִמֶּנּוּ:

גם מי שחווה הצלחות בחייו, "היה" בעל שם "ונודע אשר הוא אדם" חשוב - אינו יכול לעמוד בדין האלוהי, מול מי "שתקיף ממנו". כל ה'לייקים' שבעולם לא יועילו לאדם שהחמיץ את חייו בעת שיעמוד מול מידת הדין הנוקבת.

(יא) כִּי יֵשׁ דְּבָרִים הַרְבֵּה מַרְבִּים הָבֶל מַה יֹּתֵר לָאָדָם:

בעולמנו יש כל כך הרבה בזבוז זמן, ולאדם שאינו מוצא משמעות בחייו - מה טוב לו בחייו יותר מן המוות?

(יב) כִּי מִי יוֹדֵעַ מַה טּוֹב לָאָדָם בַּחַיִּים מִסְפַּר יְמֵי חַיֵּי הֶבְלוֹ וְיַעֲשֵׂם כַּצֵּל אֲשֶׁר מִי יַגִּיד לָאָדָם מַה יִּהְיֶה אַחֲרָיו תַּחַת הַשָּׁמֶשׁ:

מי ידע מהי הדרך הטובה שבה יחיה האדם את חייו מבלי שיחמיצם ויעברו "כצל" חולף? מי יגיד לאדם מה ייוותר "אחריו תחת השמש"? החשיבה החילונית לעולם לא תוכל להשיב על כך. כאן נדרש מבט של אמונה, כפי שיבואר להלן.

# הפתרון לתחושות ההחמצה – אמונה בהשגחה אלוהית

אף שבדורנו רוב בני האדם חיים ברווחה יחסית - ודאי בהשוואה לתקופות עבר - תחושת ההחמצה היא נחלתם של רבים. "אִם יוֹלִיד אִישׁ מֵאָה וְשָׁנִים רַבּוֹת יִחְיֶה וְרַב שֶׁיִּהְיוּ יְמֵי שָׁנָיו וְנַפְשׁוֹ לֹא תִשְׂבַּע מִן הַטּוֹבָה". רבים מתייסרים ללא הרף במחשבות מן הסוג: "אילו רק הייתי נולד להורים אחרים"; "אם לפני עשר שנים הייתי בוחר אחרת"; "לו רק הייתי לוקח את הפנייה ימינה שתי שניות לפני התאונה"; וכן הלאה, בלי סוף.

שורש תחושת ההחמצה נעוץ בתפיסת העולם הזה כנעדר השגחה אלוהית. מתוך כך גוברת והולכת תחושת ההפקר, בדומה לתחושת השרירותיות שתוארה בפרק הקודם. כאשר לתחושת ההפקר מצטרף גם דמיון מפותח - מרכיב דומיננטי בתרבות העכשווית, כאמור לעיל - נוצרים בנפש מרחבי בריחה אין־סופיים של 'חיים מקבילים' שבהם שוגה האדם, במקום להשלים ולשמוח במקום שבו הוא נמצא כעת. הבריחה אל עולם הסרטים, בין היתר, משחקת גם כאן תפקיד מרכזי.

הפתרון לכך טמון בהכרה שהמקום שבו אנו מצויים הוא המקום המדויק שהועיד לנו אלוהים. העולם הזה אינו הפקר, והקדוש ברוך הוא מוביל כל אחד ואחת בדיוק אל המקום שאליו הם צריכים להגיע. אכן, יש מקום לחרטה על תקלות שנגרמו באשמתנו בעבר. אולם לאחר חרטה כנה והפקת לקחים לעתיד (תהליך המכונה ביהדות "תשובה"), בצירוף

עשיית מיטב יכולתנו ברגע הנתון - ראוי שנפנה את משאבי הנפש לעיסוק בהווה, ולא להתייסרות מתסכלת (מלשון סכלות) על העבר.

## כיצד עושים זאת?

**סור מרע** – לא לשגות בדמיונות על 'חיים מקבילים'; להתרחק מהשוואות לדמויות או לסיטואציות אחרות (בעיקר כאלה המוצגות במדיה); לא להתעסק בכישלונות העבר אלא בתהליך של תשובה בלבד.

**עשה טוב** – לשנן בהתמדה את היתרונות של המצב שבו אנו מצויים בכל רגע נתון; לבחון כיצד החלטות (ואף כישלונות) מן העבר הובילו, בדיעבד, להצלחות; לעסוק בלימוד תכנים תורניים על השגחת ה' בעולם.

חשוב לזכור שההשלמה עם מקומנו בעולם איננה ויתור על שיפור או תיקון כישלונות. קיים גבול דק בין התבוססות בעבר לבין צמיחה מתוכו. מתוך כלל משאבי הנפש, המצב הבריא הוא שחמישה אחוזים מופנים להפקת לקחים מן העבר, חמישה אחוזים לתכנון מחושב לעתיד, ותשעים אחוזים מופנים למיקוד בהווה, בניסיון להבחין בהשגחת ה', כלומר, באופני הופעת הטוב בחיינו. "אתם הדבקים בה' אלוהיכם, חיים כולכם היום".

## פרק ז

# הסחות דעת

הדרך המרכזית שבאמצעותה מנסה התרבות החילונית להעניק לאדם תחושת אושר היא דרך ים אין־סופי של הסחות דעת - בידור, מדיה, מוזיקה ומסיבות - הכול במטרה להסיח את דעתו של האדם מהריקנות. על כך אומר שלמה המלך את הדברים הבאים.

(א) טוֹב שֵׁם מִשֶּׁמֶן טוֹב וְיוֹם הַמָּוֶת מִיּוֹם הִוָּלְדוֹ:

"שם" טוב - ייעוד ומשמעות נצחיים, עדיף מ"שמן טוב" - מההנאות ה'משמינות' של העולם הזה. וטוב שיביט האדם אל "יום המוות" - הרגע שבו מתחדד הצורך במשמעות, יותר מאשר אל "יום היוולדו" - הרגע שבו החל קסמו של העולם הזה לסנוור את עיניו.

(ב) טוֹב לָלֶכֶת אֶל בֵּית אֵבֶל מִלֶּכֶת אֶל בֵּית מִשְׁתֶּה בַּאֲשֶׁר הוּא סוֹף כָּל הָאָדָם וְהַחַי יִתֵּן אֶל לִבּוֹ:

יש יתרון במפגש עם אבלות שבו מתפוצצת בועת הדמיון של חיי ההווה, לעומת "בית משתה" שבו הנאות החיים תופסות מקום גדול. "בית אבל" הוא "סוף כל האדם", ומכיוון שכך "החי ייתן אל ליבו" שבסופו של דבר כולנו עתידים למות, והשאלה האמיתית איננה כמה שנים חי אדם בעולם הזה, אלא מה עשה בשנים הללו.

(ג) טוֹב כַּעַס מִשְּׂחוֹק כִּי בְרֹעַ פָּנִים יִיטַב לֵב:

לעיתים עדיף לחוות תחושת "כעס" נוכח פגעי העולם הזה מאשר להיסחף אחר הוללות ה"שחוק", שמסיחה את הדעת ממהות החיים. באופן פרדוקסלי דווקא "ברוע פנים" - כאשר אדם חש ברע והוא מלא תסכול וכעס, "ייטב לב" - ליבו מתרכך ונפתח לשמוע דברי תוכחה ולהיטיב את דרכיו.

(ד) לֵב חֲכָמִים בְּבֵית אֵבֶל וְלֵב כְּסִילִים בְּבֵית שִׂמְחָה:

החכמים, גם בשעה שהם במשתה, ליבם הוא "בבית אבל". הם מודעים לסופיות החיים וממילא שמים ליבם על מהותם. לעומתם, הכסילים, גם

כשהם פוגשים את כאבי החיים, ליבם הוא "בבית שמחה". הם שרויים בשאננות עליזה.

(ה) טוֹב לִשְׁמֹעַ גַּעֲרַת חָכָם מֵאִישׁ שֹׁמֵעַ שִׁיר כְּסִילִים:
עדיף "לשמוע גערת חכם" שמאלצת את האדם לתקן את דרכיו, מלשמוע "שיר כסילים" - תכנים שטחיים, שמעניקים בידור לרגע ונותנים לאדם לגיטימציה להמשיך במצבו הריקני.

(ו) כִּי כְקוֹל הַסִּירִים תַּחַת הַסִּיר כֵּן שְׂחֹק הַכְּסִיל וְגַם זֶה הָבֶל:
הבידור הזול נמשל לקול פצפוץ הקוצים ("סירים") המשמשים כחומר בעירה מתחת לסיר, כלומר, לרעש רב ותועלת מועטה - "וגם זה הבל".

(ז) כִּי הָעֹשֶׁק יְהוֹלֵל חָכָם וִיאַבֵּד אֶת לֵב מַתָּנָה:
חיי "העושק" של הכסיל (שמתוך ריקנות מתנהל בעיוות מוסרי) עלולים להשפיע גם על החכם ולמשוך אותו לחיי הוללות. הוא עלול לאבד את הלב הטוב שנתן לו הקב"ה במתנה ("לב מתנה").

(ח) טוֹב אַחֲרִית דָּבָר מֵרֵאשִׁיתוֹ טוֹב אֶרֶךְ רוּחַ מִגְּבַהּ רוּחַ:
בניגוד למתמכרים לבידור זול שאינם יודעים לדחות סיפוקים, המעמיקים מבינים ש"טוב אחרית דבר מראשיתו" - יש לשפוט כל דבר לא רק לפי הפיתוי הראשוני, אלא לפי תוצאתו הסופית. לדוגמה, "טוב ארך רוח" - אדם סבלן שמוכן להבליג ולספוג עלבונות ובסופו של דבר מרוויח מכך, מ"גבה רוח" - אדם שחצן שמגיב בפזיזות על כל עלבון קל, וסופו להפסיד.

(ט) אַל תְּבַהֵל בְּרוּחֲךָ לִכְעוֹס כִּי כַעַס בְּחֵיק כְּסִילִים יָנוּחַ:
זהו גם עניינו של הכעס - חוסר היכולת לדחות סיפוקים שמביא ל'תבהלה' ולתגובה רוויית חמה. וזהו בדיוק אזור הנוחות של הטיפשים ("חיק כסילים") שכמעט תמיד מביא להחמרת המצב.

(י) אַל תֹּאמַר מֶה הָיָה שֶׁהַיָּמִים הָרִאשֹׁנִים הָיוּ טוֹבִים מֵאֵלֶּה כִּי לֹא מֵחָכְמָה שָׁאַלְתָּ עַל זֶה:

מי שמחפש בידור וסיפוקים מיידיים בהווה ואינו מוצא אותם, נוטה להתרפק על העבר ולצבוע אותו בצבעים ורודים מכפי שהיה באמת. מבט זה הוא שטחי, מפני שה"חכמה" - שנולדת מדחיית סיפוקים - מאפשרת להבחין באמת, והיא, שהקב"ה מקדם את עולמו בתהליכים ארוכי טווח, וההווה איננו גרוע מן העבר.

(יא) טוֹבָה חָכְמָה עִם נַחֲלָה וְיֹתֵר לְרֹאֵי הַשָּׁמֶשׁ:

ה"חכמה" מגיעה "עם נחלה", כלומר, עם אחיזה ריאלית בממד הארצי, ואינה בורחת אל עולם הפנטזיות, שהוא כאמור נחלתם של מי שאינם יודעים לדחות סיפוקים. מבט כזה של חוכמה קיים "יותר" אצל "רואי השמש" - אלה המביטים נכוחה במציאות.

(יב) כִּי בְּצֵל הַחָכְמָה בְּצֵל הַכָּסֶף וְיִתְרוֹן דַּעַת הַחָכְמָה תְּחַיֶּה בְעָלֶיהָ:

לכן באופן טבעי מי שמצוי "בצל החכמה", היינו מנהל את חייו בהשראת החוכמה, מצוי גם "בצל הכסף" - מצליח בקנייני העולם הזה. שכן מי שיש לו "יתרון דעת החכמה" הוא אדם ריאלי, שמתמודד עם החיים כפי שהם ואינו נמלט להסחות דעת ולבידור ריק.

(יג) רְאֵה אֶת מַעֲשֵׂה הָאֱלֹהִים כִּי מִי יוּכַל לְתַקֵּן אֵת אֲשֶׁר עִוְּתוֹ:

מתוך חוכמה ודחיית סיפוקים נביט על "מעשה האלוהים" ונבחין שהכול נברא בדיוק באופן הראוי והנכון. ואם אלוהים החליט 'לעוות' דבר מה, יש לכך תכלית. האדם אינו יכול ואף אינו אמור "לתקן" זאת, אלא עליו להשלים עם כך, כדלקמן.

(יד) בְּיוֹם טוֹבָה הֱיֵה בְטוֹב וּבְיוֹם רָעָה רְאֵה גַּם אֶת זֶה לְעֻמַּת זֶה עָשָׂה הָאֱלֹהִים עַל דִּבְרַת שֶׁלֹּא יִמְצָא הָאָדָם אַחֲרָיו מְאוּמָה:

"ביום טובה" קל לנו לראות את הטוב של הבורא, אולם גם "ביום רעה"

אינינו שוכחים כי "גם את זה לעומת זה עשה האלוהים" - יש איזון אלוהי בין הטוב לרע. גם לרע הועיד אלוהים תפקיד מדויק על מנת ("על דברת", מלשון "על דבר") שלא ייוותר לאדם "מאומה" להשיג על ההשגחה האלוהית.

(טו) אֶת הַכֹּל רָאִיתִי בִּימֵי הֶבְלִי יֵשׁ צַדִּיק אֹבֵד בְּצִדְקוֹ וְיֵשׁ רָשָׁע מַאֲרִיךְ בְּרָעָתוֹ:

במבט של "הבל", קצר טווח וחסר סבלנות שנובע מאורח חיים בידורי ונהנתני, נדמה לכאורה שאין צדק בעולם: "יש צדיק אֹבד בצדקו ויש רשע מאריך ברעתו". אולם מבט מעמיק מכיר בכך שזוהי הדרך המדויקת שבה מנהיג ה' את עולמו, ולכן -

(טז) אַל תְּהִי צַדִּיק הַרְבֵּה וְאַל תִּתְחַכַּם יוֹתֵר לָמָּה תִּשּׁוֹמֵם:

מחד, אל תנסה להיות "צדיק הרבה", כלומר, אל תנסה להתחכם מעבר למה שציווה ה', מתוך מחשבה מוטעית שאלוהים אינו מנהל את המציאות באופן הראוי. גישה כזו עלולה להותיר את האדם שומם ומשועמם.

(יז) אַל תִּרְשַׁע הַרְבֵּה וְאַל תְּהִי סָכָל לָמָּה תָמוּת בְּלֹא עִתֶּךָ:

מאידך, אל תתיימר לנהוג ברשעות מתוך מחשבה טיפשית שאין השגחה אלוהית בעולם, שמא תסיים את תפקידך בעולם טרם זמנך.

(יח) טוֹב אֲשֶׁר תֶּאֱחֹז בָּזֶה וְגַם מִזֶּה אַל תַּנַּח אֶת יָדֶךָ כִּי יְרֵא אֱלֹהִים יֵצֵא אֶת כֻּלָּם:

מי ש"ירא אלוהים" ומכיר בהנהגה האלוהית בעולם, לעיתים אוחז במידת הצדק ולעיתים אוחז בכלי הרשע. כך, למשל, במקום שבו נדרשת צדקות - ינהג בגמילות חסדים, ובמקום שבו יש להיאבק ברשעים - יתנהל בקשיחות, וכדומה.

(יט) הַחָכְמָה תָּעֹז לֶחָכָם מֵעֲשָׂרָה שַׁלִּיטִים אֲשֶׁר הָיוּ בָּעִיר:

"החכמה" הנרכשת מתוך מדיניות חיים של שליטה עצמית, מעניקה

לאדם חוסן ("תעוז") יותר מכל מערכת ביטחונית רחבה ("עשרה שליטים").

(כ) כִּי אָדָם אֵין צַדִּיק בָּאָרֶץ אֲשֶׁר יַעֲשֶׂה טּוֹב וְלֹא יֶחֱטָא:

אי אפשר לסמוך על דבר מלבד ה"חכמה". גם צדיקים, אם יתנהלו בספונטניות ובלי שיקול דעת, עלולים לחטוא. אין מנוס מלפתח אישיות בעלת חוסן פנימי, שכן -

(כא) גַּם לְכָל הַדְּבָרִים אֲשֶׁר יְדַבֵּרוּ אַל תִּתֵּן לִבֶּךָ אֲשֶׁר לֹא תִשְׁמַע אֶת עַבְדְּךָ מְקַלְלֶךָ:

זו הדרך היחידה לא להתרגש מ"דברים" הנאמרים מאחורי גבך. אם תהיה אדם רופס, שבזבז את חייו בבידור זול, תבלה את ימיך בניסיון לרצות את הזולת ולקושש לייקים'. לעומת זאת, אם תהיה אדם בעל חשיבה עמוקה וראייה ארוכת טווח - "לא תשמע", לא תתרגש מ"עבדך" ש"מקללך". ומדוע?

(כב) כִּי גַּם פְּעָמִים רַבּוֹת יָדַע לִבֶּךָ אֲשֶׁר גַּם אַתָּה קִלַּלְתָּ אֲחֵרִים:

אישיות רצינית יודעת לספוג ביקורת ויודעת גם שאינה מושלמת. קללה של אחרים אינה מערערת אותה, אלא מניעה אותה לערוך חשבון נפש ולתקן את דרכיה.

(כג) כָּל זֹה נִסִּיתִי בַחָכְמָה אָמַרְתִּי אֶחְכָּמָה וְהִיא רְחוֹקָה מִמֶּנִּי:

כל ניסיון החיים שתואר לעיל נרכש באמצעות "חכמה" הדורשת עמל תמידי. כי ככל ש"אחכמה", עדיין החוכמה "רחוקה ממני" ויש עוד מה ללמוד.

(כד) רָחוֹק מַה שֶּׁהָיָה וְעָמֹק עָמֹק מִי יִמְצָאֶנּוּ:

מי שבורח להסחות דעת ואינו שואף להחכים כל העת, גם "מה שהיה" לו כבר בחוכמתו, הולך ונהיה "רחוק" ממנו. והתוכן ה"עמוק" נעשה עמוק עוד יותר, עד כי "מי ימצאנו?".

(כה) סַבּוֹתִי אֲנִי וְלִבִּי לָדַעַת וְלָתוּר וּבַקֵּשׁ חָכְמָה וְחֶשְׁבּוֹן וְלָדַעַת רֶשַׁע כֶּסֶל וְהַסִּכְלוּת הוֹלֵלוֹת:

שלמה המלך מעיד על עצמו שהסתובב רבות ב'לב' פתוח לחפש ול"בקש חכמה וחשבון", על מנת "לדעת" ולהכיר את תופעות ה"רשע", ה"כסל", "הסכלות" וה"הוללות" שקיימות בעולם. ומכך הגיע למסקנה ש־

(כו) וּמוֹצֶא אֲנִי מַר מִמָּוֶת אֶת הָאִשָּׁה אֲשֶׁר הִיא מְצוֹדִים וַחֲרָמִים לִבָּהּ אֲסוּרִים יָדֶיהָ טוֹב לִפְנֵי הָאֱלֹהִים יִמָּלֵט מִמֶּנָּה וְחוֹטֵא יִלָּכֶד בָּהּ:

התנהלות רגשית לבדה ("אישה") היא "מר ממוות". זאת מפני שהתנהלות שכזו כולאת את נפש האדם במלכודות ("מצודים") ורשתות ("משטח חרמים", יחזקאל כו, ה). במקום לשקול דברים בענייניות, על פי אמת ויושר, נמשכת הנפש אחר הסחת דעת רגשית־בידורית, ש"טוב לפני האלוהים ימלט ממנה, וחוטא ילכד בה".

(כז) רְאֵה זֶה מָצָאתִי אָמְרָה קֹהֶלֶת אַחַת לְאַחַת לִמְצֹא חֶשְׁבּוֹן:

לעומת זאת, "אמרה" לאדם הנפש, שמתכנסת ('מתקהלת') לעולם פנימי־שכלי: "ראה זה" - הבט כיצד נכון להתבונן על תופעות החיים. לא באמצעות סערה רגשית וכוללנית, אלא באמצעות בחינה מדויקת "אחת לאחת למצוא חשבון".

(כח) אֲשֶׁר עוֹד בִּקְשָׁה נַפְשִׁי וְלֹא מָצָאתִי אָדָם אֶחָד מֵאֶלֶף מָצָאתִי וְאִשָּׁה בְכָל אֵלֶּה לֹא מָצָאתִי:

הנפש הרצינית מבקשת מענה לתחושת הריקנות שבה, ומוצאת אותו - בקושי ("אחד מאלף") - בצד השכלי, זה שמצמיח כאדמה ("אדם") את הגנוז בנפש. ואילו במרחבי הרגש ("אישה"), אף זאת אין בנמצא.

מדוע כה נדיר למצוא אדם בעל משמעות, שאינו נמשך אחר הצדדים הזולים והרגשניים של החיים?

(כט) לְבַד רְאֵה זֶה מָצָאתִי אֲשֶׁר עָשָׂה הָאֱלֹהִים אֶת הָאָדָם יָשָׁר וְהֵמָּה בִקְשׁוּ חִשְּׁבֹנוֹת רַבִּים:

"האלוהים" יצר את הנפש האנושית ישרה. ההתפתלויות והסטיות אינן אלא תוצר של בחירה חופשית לקויה מצד האדם.

# הפתרון להסחות דעת – פיתוח יכולות ריכוז

פרק ז, העוסק בהסחות הדעת שאליהן בורח האדם, הוא הפרק הארוך ביותר במגילת קהלת, ולא בכדי. כדי להימלט מתחושת הריקנות מייצרת התרבות המודרנית מרחבים אין־סופיים של הסחות דעת: תאוות גופניות, חוויות בידוריות ולעיתים אפילו שעשועים אינטלקטואליים. רעש והמולה בלתי פוסקים שמטרתם להשתיק את קולו של חיפוש המשמעות שאיננו שוקט לרגע. "כִּי כְקוֹל הַסִּירִים תַּחַת הַסִּיר כֵּן שְׂחֹק הַכְּסִיל, וְגַם זֶה הָבֶל".

הפתרון להסחות הדעת טמון בפיתוח יכולת ריכוז, המאפשר להבדיל בין עיקר לטפל ולהתמקד במשמעות החיים. גם מפגש עם ביקורת חיצונית, עם המוות ועם פגעי החיים למיניהם, עשוי לטלטל את האדם ולכוון אותו לסדר עדיפויות נכון, מה חשוב יותר ומה פחות. "טוֹב לִשְׁמֹעַ גַּעֲרַת חָכָם מֵאִישׁ שֹׁמֵעַ שִׁיר כְּסִילִים", וכן "לֵב חֲכָמִים בְּבֵית אֵבֶל וְלֵב כְּסִילִים בְּבֵית שִׂמְחָה".

**כיצד עושים זאת?**

**סור מרע** – לצמצם את צריכת החוויות הבידוריות; להתרחק מסביבת חיים קלילה וחסרת אחריות; ולשלוט בפיזור מחשבתי – להימנע מבהייה חסרת תכלית וחסרת מחשבה ממוקדת וחיובית.

**עשה טוב** – ללמוד תורה, כמובן; לחשב את התוצאה הסופית בכל מעשה

(מבלי להתפתות לריגוש מיידי); להיפתח למפגש עם ביקורת חיצונית ואירועים מטלטלים; לתרגל ריכוז במרווחי זמן קצובים (ריכוז, הרפיה, ריכוז, וחוזר חלילה); לעמוד במשימות מדידות הדורשות ריכוז נפשי לאורך זמן (למשל, כושר גופני).

אימון מתמיד בפיתוח יכולת הריכוז מאפשר לאדם לשוב אל הבסיס הקיומי והתמידי שלו, משוחרר מהסחות דעת חיצוניות זולות. בסיס זה אינו אלא הרצון לחיות חיים בעלי משמעות.

## פרק ח

# כוחניות

אחת האשליות הגדולות של האדם היא הסברה, ששלטון ושררה יאפשרו לו לשנות את המציאות ומתוך כך יעניקו לו אושר. על כך אומר שלמה המלך:

(א) מִי כְּהֶחָכָם וּמִי יוֹדֵעַ פֵּשֶׁר דָּבָר חָכְמַת אָדָם תָּאִיר פָּנָיו וְעֹז פָּנָיו יְשֻׁנֶּא:
רק לחכם שמבין את "פשר דבר" אלוהיו - היינו, רק למי שמנהל את חייו מתוך חוכמה ומודעות ('אור פנים') - יש "עוז" לשנות את המציאות, גם אם ישנאו אותו על כך.

(ב) אֲנִי פִּי מֶלֶךְ שְׁמֹר וְעַל דִּבְרַת שְׁבוּעַת אֱלֹהִים:
אני, שלמה המלך, ממליץ לכם לשמור את "פי מלך" מלכי המלכים, ולהקפיד על דבר אלוהים ועל שבועותיו שהשביע אותנו.

(ג) אַל תִּבָּהֵל מִפָּנָיו תֵּלֵךְ אַל תַּעֲמֹד בְּדָבָר רָע כִּי כָּל אֲשֶׁר יַחְפֹּץ יַעֲשֶׂה:
השמיעה בקולו של אלוהים, אין כוונתה לגרום לאדם להיבהל ממנה ("תיבהל מפניו"), היינו, להיכנס לשיתוק במקרה שחטא. אלא ההפך, "אל תעמוד בדבר רע" שנכשלת בו, ובמקום זאת התקדם ושוב בתשובה. "כי כל אשר יחפוץ" אלוהים "יעשה" - ולכן אין מקום להתבוסס בחטאים, אלא להיפתח לרצונו של ה' שהוא כול־יכול.

(ד) בַּאֲשֶׁר דְּבַר מֶלֶךְ שִׁלְטוֹן וּמִי יֹאמַר לוֹ מַה תַּעֲשֶׂה:
נושא הפרק כאמור הוא רצונו של האדם לחולל שינוי במציאות. על כך עונה מגילת קהלת: ה"שלטון" ו"דבר המלך" - הכוחות שמשנים את העולם - אינם תלויים בנו אלא באלוהים. "ומי יאמר לו מה תעשה?" ולכן כדי ליצור שינוי אמיתי יש להתחבר לרצונו של אלוהים.

(ה) שׁוֹמֵר מִצְוָה לֹא יֵדַע דָּבָר רָע וְעֵת וּמִשְׁפָּט יֵדַע לֵב חָכָם:
שמירת ציוויו של ה' מאפשרת לאדם לשנות את המציאות מבלי להיכשל

("דבר רע"); וחוכמה של תורה מעניקה את היכולת לדעת את התזמון הנכון ("עת ומשפט") לפעול בעולמנו.

(ו) כִּי לְכָל חֵפֶץ יֵשׁ עֵת וּמִשְׁפָּט כִּי רָעַת הָאָדָם רַבָּה עָלָיו:
לכל רצון אנושי ("חפץ") המבקש להתממש בעולם, "יש עת ומשפט" מדויקים. אולם כאשר הרצון הזה אינו מחובר לדבר ה', אזי "רעת האדם רבה עליו". וזאת מפני -

(ז) כִּי אֵינֶנּוּ יֹדֵעַ מַה שֶּׁיִּהְיֶה כִּי כַּאֲשֶׁר יִהְיֶה מִי יַגִּיד לוֹ:
שהאדם אינו יכול לדעת את העתיד ואיש, מלבד הקב"ה, אינו יכול לגלות לו. כיוון שכך, יכולתו של האדם לשלוט במאורעות המציאות ולהינצל מ"רעת האדם" מוגבלת.

(ח) אֵין אָדָם שַׁלִּיט בָּרוּחַ לִכְלוֹא אֶת הָרוּחַ וְאֵין שִׁלְטוֹן בְּיוֹם הַמָּוֶת וְאֵין מִשְׁלַחַת בַּמִּלְחָמָה וְלֹא יְמַלֵּט רֶשַׁע אֶת בְּעָלָיו:
אדם אינו שולט על רוח חייו, ואינו יכול "לכלוא" אותה או לקבוע מתי תצא מגופו. "ואין" לו "שלטון ביום המוות". אף אם נגזר על האדם 'להישלח' מן העולם - אם במלחמה אם באסון אחר - לא יוכל להימלט באמצעות "רשע" הנובע מעוצמה ושררה חומריות.

(ט) אֶת כָּל זֶה רָאִיתִי וְנָתוֹן אֶת לִבִּי לְכָל מַעֲשֶׂה אֲשֶׁר נַעֲשָׂה תַּחַת הַשָּׁמֶשׁ עֵת אֲשֶׁר שָׁלַט הָאָדָם בְּאָדָם לְרַע לוֹ:
באופן כללי, שלטון אינו מבטיח אושר. שלמה המלך, שראה את כל "אשר נעשה תחת השמש", מעיד שלעיתים שליטתו של "האדם באדם" אחר גורמת "לרע לו" - לאדם השולט עצמו.

(י) וּבְכֵן רָאִיתִי רְשָׁעִים קְבֻרִים וָבָאוּ וּמִמְּקוֹם קָדוֹשׁ יְהַלֵּכוּ וְיִשְׁתַּכְּחוּ בָעִיר אֲשֶׁר כֵּן עָשׂוּ גַּם זֶה הָבֶל:
דוגמה לכך היא אותם רשעים (ה"קבורים" בחיי החומר) שהתיימרו

לשלוט ב"מקום קדוש" - במרחב טהור שאין להם רשות לגעת בו מצד האמת. סופם היה ש"ישתכחו בעיר" וכל אשר "עשו" נזכר כ"הבל". כאשר אדם מנסה לתפוס מקום שאינו שלו - דבר לא נותר מכך במבחן ההיסטוריה.

(יא) אֲשֶׁר אֵין נַעֲשָׂה פִתְגָם מַעֲשֵׂה הָרָעָה מְהֵרָה עַל כֵּן מָלֵא לֵב בְּנֵי הָאָדָם בָּהֶם לַעֲשׂוֹת רָע:

הסיבה לכך שאדם מדמיין ששלטון כוחני ומרושע יביא לו אושר, היא מפני שההנהגה האלוהית סבלנית ומאריכת אף. גם במקרים שבהם "אין נעשה פתגם המלך" - כלומר, גם כאשר בני האדם אינם מקיימים את ציוויו של ה' - אין תוצאת "מעשה הרעה" שלהם נראית ב"מהרה". "על כן מלא לב בני האדם בהם לעשות רע".

(יב) אֲשֶׁר חֹטֶא עֹשֶׂה רָע מְאַת וּמַאֲרִיךְ לוֹ כִּי גַּם יוֹדֵעַ אָנִי אֲשֶׁר יִהְיֶה טּוֹב לְיִרְאֵי הָאֱלֹהִים אֲשֶׁר יִירְאוּ מִלְּפָנָיו:

גם כאשר אדם חוטא מאה פעמים ("מְאַת"), ה' מאריך לו אפו. אולם, אומר שלמה, "גם יודע אני" שה"טוב" הנצחי יגיע רק ל"יראי האלוהים אשר יראו מלפניו".

(יג) וְטוֹב לֹא יִהְיֶה לָרָשָׁע וְלֹא יַאֲרִיךְ יָמִים כַּצֵּל אֲשֶׁר אֵינֶנּוּ יָרֵא מִלִּפְנֵי אֱלֹהִים:

ואילו "לרשע" לא יהיה סוף "טוב", ושלטונו יהיה כמו "צל" עובר ש"לא יאריך ימים". וזאת מפני ש"איננו ירא מלפני אלוהים".

(יד) יֶשׁ הֶבֶל אֲשֶׁר נַעֲשָׂה עַל הָאָרֶץ אֲשֶׁר יֵשׁ צַדִּיקִים אֲשֶׁר מַגִּיעַ אֲלֵהֶם כְּמַעֲשֵׂה הָרְשָׁעִים וְיֵשׁ רְשָׁעִים שֶׁמַּגִּיעַ אֲלֵהֶם כְּמַעֲשֵׂה הַצַּדִּיקִים אָמַרְתִּי שֶׁגַּם זֶה הָבֶל:

יחד עם זאת, בטווח הקצר לא תמיד אפשר לראות את השכר והעונש האלוהיים, ולכן לעיתים "יש צדיקים אשר מגיע אליהם כמעשה הרשעים",

ולהפך. אולם זהו "הבל" - מציאות חסרת ממשות שלא תתמיד. בסופו של דבר, הדין האלוהי מגיע במדויק לכל אחד ואחת לפי מעשיהם.

(טו) וְשִׁבַּחְתִּי אֲנִי אֶת הַשִּׂמְחָה אֲשֶׁר אֵין טוֹב לָאָדָם תַּחַת הַשֶּׁמֶשׁ כִּי אִם לֶאֱכוֹל וְלִשְׁתּוֹת וְלִשְׂמוֹחַ וְהוּא יִלְוֶנּוּ בַעֲמָלוֹ יְמֵי חַיָּיו אֲשֶׁר נָתַן לוֹ הָאֱלֹהִים תַּחַת הַשָּׁמֶשׁ:

מה, אם כן, יביא לאדם אושר? "שמחה"! האושר, כאמור, איננו תלוי בכוח או בשלטון על הזולת, אלא ביכולת "לאכול ולשתות ולשמוח", היינו, לחיות מתוך שלטון שכלי על צורכי החיים ('שמח' - שַׂם־מוח), מתוך איזון פנימי. "והוא" - אורח החיים המאוזן - ילווה את האדם ב"ימי חייו אשר נתן לו אלוהים תחת השמש".

(טז) כַּאֲשֶׁר נָתַתִּי אֶת לִבִּי לָדַעַת חָכְמָה וְלִרְאוֹת אֶת הָעִנְיָן אֲשֶׁר נַעֲשָׂה עַל הָאָרֶץ כִּי גַם בַּיּוֹם וּבַלַּיְלָה שֵׁנָה בְּעֵינָיו אֵינֶנּוּ רֹאֶה:

ככל ש"נתתי את ליבי לדעת חכמה", אומר שלמה, "ולראות את העניָן אשר נעשה על הארץ" - כך התבהרה לי ההכרה, שאדם שאינו מונחה על ידי הדרכה אלוהית, לא יוכל להתנהל באופן הראוי. לא "ביום", וודאי שלא "בלילה", בזמן ה"שנה". שכן "בעיניו" האנושיות "איננו רואה" את האמת, וממילא אינו יכול להנהיג או לשלוט.

(יז) וְרָאִיתִי אֶת כָּל מַעֲשֵׂה הָאֱלֹהִים כִּי לֹא יוּכַל הָאָדָם לִמְצוֹא אֶת הַמַּעֲשֶׂה אֲשֶׁר נַעֲשָׂה תַחַת הַשֶּׁמֶשׁ בְּשֶׁל אֲשֶׁר יַעֲמֹל הָאָדָם לְבַקֵּשׁ וְלֹא יִמְצָא וְגַם אִם יֹאמַר הֶחָכָם לָדַעַת לֹא יוּכַל לִמְצֹא:

היומרה האנושית שנדונה בפרק זה - שלפיה "יוכל האדם למצוא את המעשה אשר נעשה תחת השמש" - כשהיא נטולת חיבור למשמעות הרוחנית, מתבררת כיומרת שווא. כי כל "אשר יעמול האדם לבקש" את האמת - "לא ימצא". וגם אם ישתמש בחוכמתו ובידיעותיו - "לא יוכל למצוא".

# הפתרון לאשליית הכוח והשלטון – להתרחק משררה

ההתמכרות לכוח ולשררה ארוכה כימי האנושות. מאז ומעולם שאפו בני אדם לשלוט על משאבי טבע ועל זולתם. מלבד הצורך הכלכלי והחברתי, מספקת השררה לאדם תחושת סיפוק נפשי עמוק שמקורה ברצון למשמעות. כאשר האדם מחובר לאלוהיו, החיבור מעניק לו תחושות ייעוד, שליטה ועוצמה בחייו. לעומת זאת, כאשר הוא מתנתק מאלוהיו, הוא מדמה שיוכל למצוא תחליף לכך באמצעות כוח ושליטה על אחרים. מציאות שמסתיימת לא פעם בהרס עצמי, "עֵת אֲשֶׁר שָׁלַט הָאָדָם בְּאָדָם לְרַע לוֹ".

הפתרון, אם כן, הוא להתרחק משררה על אחרים ולהעביר את רצון הכוח והשליטה אל חיינו האישיים. כאשר אדם מנהל אורח חיים מאוזן הוא זוכה לשמחה ולשליטה בצורכי היום־יום, "אֲשֶׁר אֵין טוֹב לָאָדָם תַּחַת הַשֶּׁמֶשׁ כִּי אִם לֶאֱכֹל וְלִשְׁתּוֹת וְלִשְׂמוֹחַ".

### כיצד עושים זאת?

**סור מרע** – להימנע מלדחוף את עצמנו לתפקידי כוח ושליטה (אלא אם כן מצאנו את עצמנו בעמדה זו בעל כורחנו); להימנע מהתהדרות והתאהבות בסמכות שלנו (ושימור מוכנות פנימית לפנות את מקומנו למוכשרים מאיתנו); וכן הלאה.

**עשה טוב** - להזכיר לעצמנו שוב ושוב, כאשר אנו נמצאים בעמדת הנהגה, שאיננו אלא כלי לשירות הציבור; לנהוג בצניעות, ללא גינוני שררה; להשקיע את עיקר משאבי הנפש בדחיית סיפוקים אישיים ובשליטה על היצרים.

חשוב להדגיש, שלעיתים במקום שאין אנשים ראויים להנהגה, על האדם להיאבק ולקבל את האחריות על ההנהגה, גם אם היא כרוכה בשררה ובמאבקים מרים. אך גם אז, אדם מאמין נדרש לעשות זאת מתוך ענווה ותחושת מחויבות, וללא כל אינטרס אישי.

## פרק ט

# שחצנות

פרק ט עוסק בשחצנות ובהתמכרות להערצת הקהל. בעולם רווי שפע כלכלי שכמותו לא נודע, מחפש האדם את אושרו בפרסום, ביחצנות ובהכרה ציבורית. למי שסבור שהתנהגות צדקנית, המלווה במחיאות כפיים ו'לייקים', תעניק לו אושר - עונה מגילת קהלת:

(א) כִּי אֶת כָּל זֶה נָתַתִּי אֶל לִבִּי וְלָבוּר אֶת כָּל זֶה אֲשֶׁר הַצַּדִּיקִים וְהַחֲכָמִים וַעֲבָדֵיהֶם בְּיַד הָאֱלֹהִים גַּם אַהֲבָה גַם שִׂנְאָה אֵין יוֹדֵעַ הָאָדָם הַכֹּל לִפְנֵיהֶם:

שלמה המלך בירר ("לבור"), שגם "הצדיקים והחכמים ועבדיהם" כולם נתונים "ביד האלוהים". שכר ההתנהלות הישרה אינו תלוי בקהל מעריץ, אלא נקבע רק בידי שמיים. "גם אהבה גם שנאה" שנקבל מן הסובבים אותנו - "אין יודע האדם" - לעולם לא נוכל לדעת מה באמת הם חושבים עלינו בליבם. "הכל לפניהם" - דין האמת האלוהי אינו ניכר בהווה אלא הוא 'לפנינו' - יתברר בעולם האמת העתידי.

(ב) הַכֹּל כַּאֲשֶׁר לַכֹּל מִקְרֶה אֶחָד לַצַּדִּיק וְלָרָשָׁע לַטּוֹב וְלַטָּהוֹר וְלַטָּמֵא וְלַזֹּבֵחַ וְלַאֲשֶׁר אֵינֶנּוּ זֹבֵחַ כַּטּוֹב כַּחֹטֶא הַנִּשְׁבָּע כַּאֲשֶׁר שְׁבוּעָה יָרֵא:

כולם, בלי יוצא מן הכלל, יעמדו מול האמת האלוהית בבוא העת, לא משנה מהי תדמיתם בעיני אחרים (ובעיני עצמם): ה"צדיק" וה"רשע"; ה"טוב", ה"טהור", וה"טמא"; מי שמקיים את חוקי הדת ("זובח" לה') ומי ש"איננו זובח"; מי שמתנהל "כטוב" בחייו ומי שמתנהל "כחוטא"; מי ש"נשבע" לשווא ומי ש"שבועה ירא".

(ג) זֶה רָע בְּכֹל אֲשֶׁר נַעֲשָׂה תַּחַת הַשֶּׁמֶשׁ כִּי מִקְרֶה אֶחָד לַכֹּל וְגַם לֵב בְּנֵי הָאָדָם מָלֵא רָע וְהוֹלֵלוֹת בִּלְבָבָם בְּחַיֵּיהֶם וְאַחֲרָיו אֶל הַמֵּתִים:

הידיעה שישנו דין אחד לכולם ו"מקרה אחד לכל", עלולה לעורר תחושה רעה בקרב מי שמכורים לתדמית ולרשת. תחושה זו ממלאת את "לב בני האדם" ב"רע" ומביאה ל"הוללות בלבבם" ו"בחייהם". שהרי אם אין ערך לתדמית הנוצצת של הצדיק, ואם בסופו של דבר, נגיע כולנו "אל המתים" - מה הטעם להשקיע בעשיית הטוב בעולם הזה?

(ד) כִּי מִי אֲשֶׁר יְבֻחַר יְחֻבַּר אֶל כָּל הַחַיִּים יֵשׁ בִּטָּחוֹן כִּי לְכֶלֶב חַי הוּא טוֹב מִן הָאַרְיֵה הַמֵּת:

התשובה לשאלה זו מצויה בחיבור "אל כל החיים" - אל חיים שלמים, מלאי משמעות. רק מתוך חיים שכאלה יוכל האדם למצוא את ייעודו האמיתי. כי עדיף להיות "כלב חי" - אדם פשוט חסר תדמית נוצצת אולם מלא חיי אמת - מאשר להיראות כ"אריה" בעל רהב חיצוני, אך "מת" מבפנים.

(ה) כִּי הַחַיִּים יוֹדְעִים שֶׁיָּמֻתוּ וְהַמֵּתִים אֵינָם יוֹדְעִים מְאוּמָה וְאֵין עוֹד לָהֶם שָׂכָר כִּי נִשְׁכַּח זִכְרָם:

כל עוד האדם חי יש בליבו חרדה מן המוות, ומכוחה אולי ישוב בתשובה. ואילו "המתים אינם יודעים מאומה", ואין להם עוד תקווה לזכות בשכר של הערצה ותהילה, "כי נשכח זכרם" מן העולם.

(ו) גַּם אַהֲבָתָם גַּם שִׂנְאָתָם גַּם קִנְאָתָם כְּבָר אָבָדָה וְחֵלֶק אֵין לָהֶם עוֹד לְעוֹלָם בְּכֹל אֲשֶׁר נַעֲשָׂה תַּחַת הַשָּׁמֶשׁ:

כל התחושות המדומות שהעניקו טעם לחייהם - אהבת הקהל, שנאה וקנאה באחרים - נמוגות ברגע המוות. "וחלק אין להם עוד לעולם". אם כן, מה טעם יש לאדם לרדוף אחר כל אלה בחייו?

(ז) לֵךְ אֱכֹל בְּשִׂמְחָה לַחְמֶךָ וּשְׁתֵה בְלֶב טוֹב יֵינֶךָ כִּי כְבָר רָצָה הָאֱלֹהִים אֶת מַעֲשֶׂיךָ:

במקום זאת, "לך אכול בשמחה לחמך ושתה בלב טוב יינך" - מלא את חייך בעשייה חיובית בריאה ומשמחת, ועשה את אשר יביא לידי כך שאלוהים יהיה מרוצה ממך.

(ח) בְּכָל עֵת יִהְיוּ בְגָדֶיךָ לְבָנִים וְשֶׁמֶן עַל רֹאשְׁךָ אַל יֶחְסָר:

השמירה על מתח בריא של עשייה ברוכה צריכה להיות תמידית ("בכל עת"). ואזי השפע האלוהי ("שמן") לא יפסוק לרגע מלהשפיע על "ראשך".

(ט) רְאֵה חַיִּים עִם אִשָּׁה אֲשֶׁר אָהַבְתָּ כָּל יְמֵי חַיֵּי הֶבְלֶךָ אֲשֶׁר נָתַן לְךָ תַּחַת הַשֶּׁמֶשׁ כֹּל יְמֵי הֶבְלֶךָ כִּי הוּא חֶלְקְךָ בַּחַיִּים וּבַעֲמָלְךָ אֲשֶׁר אַתָּה עָמֵל תַּחַת הַשָּׁמֶשׁ:

מצא איזון פנימי בין שכלך לבין רגשותיך ("אישה אשר אהבת") ב"כל ימי הבלך אשר נתן לך" אלוהים "תחת השמש". וכך ב"כל ימי הבלך" יהיה אלוהים "חלקך בחיים ובעמלך אשר אתה עמל תחת השמש" - הקדוש ברוך הוא ינחה אותך שלא תעמול לריק, אלא תביא ברכה בחייך.

(י) כֹּל אֲשֶׁר תִּמְצָא יָדְךָ לַעֲשׂוֹת בְּכֹחֲךָ עֲשֵׂה כִּי אֵין מַעֲשֶׂה וְחֶשְׁבּוֹן וְדַעַת וְחָכְמָה בִּשְׁאוֹל אֲשֶׁר אַתָּה הֹלֵךְ שָׁמָּה:

פעל בזריזות ובתום לב בעולם הזה, שכן כל החשבונות המפותלים והתחכום האינטרסנטי לא יועילו לך "בשאול אשר אתה הולך שמה". בעולם המתים ("שאול") קיימת רק אמת טהורה.

(יא) שַׁבְתִּי וְרָאֹה תַחַת הַשֶּׁמֶשׁ כִּי לֹא לַקַּלִּים הַמֵּרוֹץ וְלֹא לַגִּבּוֹרִים הַמִּלְחָמָה וְגַם לֹא לַחֲכָמִים לֶחֶם וְגַם לֹא לַנְּבֹנִים עֹשֶׁר וְגַם לֹא לַיֹּדְעִים חֵן כִּי עֵת וָפֶגַע יִקְרֶה אֶת כֻּלָּם:

כל כישורי העולם הזה - מהירות, גבורה, חוכמה או פרסום - אינם מבטיחים לאדם את מושא תאוותו. לא בהכרח יגיע ראשון ב"מרוץ"; ינצח ב"מלחמה"; ירוויח "לחם" ו"עושר"; ויזכה ל"חן" ולהערצה רק מפני שהוא 'ידוע'. בסופו של דבר, חיי העולם הזה זמניים, ו"עת ופגע" רע "יקרה את כולם".

(יב) כִּי גַּם לֹא יֵדַע הָאָדָם אֶת עִתּוֹ כַּדָּגִים שֶׁנֶּאֱחָזִים בִּמְצוֹדָה רָעָה וְכַצִּפֳּרִים הָאֲחֻזוֹת בַּפָּח כָּהֵם יוּקָשִׁים בְּנֵי הָאָדָם לְעֵת רָעָה כְּשֶׁתִּפּוֹל עֲלֵיהֶם פִּתְאֹם:

החיים שבירידיים עד מאוד, מעבר לכל דמיון. גם כאשר אדם מנהל את דרכו בהצנעה כדגים במצולות, וגם כאשר דרכו פרושה כציפורים העפות בשמיים - עדיין עלול הוא ליפול במלכודת, מוקש ("יוקשים"), שתבוא עליו "פתאום".

(יג) גַּם זֹה רָאִיתִי חָכְמָה תַּחַת הַשָּׁמֶשׁ וּגְדוֹלָה הִיא אֵלָי:

תובנה נוספת ועמוקה ("גדולה") מבקש שלמה המלך להביא לפנינו.

(יד) עִיר קְטַנָּה וַאֲנָשִׁים בָּהּ מְעָט וּבָא אֵלֶיהָ מֶלֶךְ גָּדוֹל וְסָבַב אֹתָהּ וּבָנָה עָלֶיהָ מְצוֹדִים גְּדֹלִים:

לעיתים ישנה מציאות של "עיר קטנה" הנתונה במצור - בצרה שנראית, לכאורה, חסרת מוצא מפני אויבים עצומים ומטילי אימה.

(טו) וּמָצָא בָהּ אִישׁ מִסְכֵּן חָכָם וּמִלַּט הוּא אֶת הָעִיר בְּחָכְמָתוֹ וְאָדָם לֹא זָכַר אֶת הָאִישׁ הַמִּסְכֵּן הַהוּא:

והינה "איש מסכן חכם" מייעץ בחוכמתו לבני העיר כיצד להינצל מן הצרה. ואף על פי כן, במקום שיזכה לכבוד ולהוקרה, "איש לא זכר את האיש המסכן ההוא". מה לומדים אנו מכך?

(טז) וְאָמַרְתִּי אָנִי טוֹבָה חָכְמָה מִגְּבוּרָה וְחָכְמַת הַמִּסְכֵּן בְּזוּיָה וּדְבָרָיו אֵינָם נִשְׁמָעִים:

שאף שאותו איש מסכן הוכיח ש"טובה חכמה מגבורה" (שהרי העיר ניצלה בזכות חוכמתו ולא בזכות גבורת מגיניה), עדיין "חכמת המסכן בזויה ודבריו אינם נשמעים". לא תמיד זוכה אדם להכרה על חוכמתו ועל פועלו בעולם, ולכן אין לפתח תלות וציפייה לכך.

(יז) דִּבְרֵי חֲכָמִים בְּנַחַת נִשְׁמָעִים מִזַּעֲקַת מוֹשֵׁל בַּכְּסִילִים:

מצד האמת, דברי חוכמה שנאמרים "בנחת", "נשמעים" יותר "מזעקת מושל בכסילים" - משפיעים פי כמה וכמה מההתלהמות והזעקות הרועשות ששולטות בחייהם של הטיפשים.

(יח) טוֹבָה חָכְמָה מִכְּלֵי קְרָב וְחוֹטֶא אֶחָד יְאַבֵּד טוֹבָה הַרְבֵּה:

שהרי האמת היא ש"טובה חכמה מכלי קרב" - החוכמה יעילה ומועילה יותר מכלי מלחמה רועשים. ואף על פי כן, "חוטא אחד יאבד טובה

הרבה" - כאשר אדם חוטא הוא חדל מלהתבונן באמת, ושוקע ברעש, ביחצנות ובהוללות, כפי שתואר בפרק כולו.

# הפתרון להתמכרות להערצה – בניית עולם פנימי

אחת התשוקות החזקות ביותר בעולמנו כיום היא הרצון לתדמית נוצצת. אדם מדמה בליבו למצוא את האושר בפרסום אישי ובהערצה מצד הסביבה. האשליה ש'לייקים' מאנשים - שאת רובם כלל לא נפגוש - יצליחו למלא את הריקנות והשיממון שבחיינו, גורמת לנו להקדיש חלק ניכר מזמננו ליחצנות ולתדמית.

המחשבה, שלפיה הישגים ותהילה בעולם הזה יביאו לנו אושר היא, כמובן, מחשבת שווא. כל הישג מגיע אל קיצו. כולנו נאלצים לרדת מעל במת החיים, במוקדם או במאוחר, והתהילה שזכינו לה - חולפת. "כִּי לֹא לַקַּלִּים הַמֵּרוֹץ וְלֹא לַגִּבּוֹרִים הַמִּלְחָמָה וְגַם לֹא לַחֲכָמִים לֶחֶם וְגַם לֹא לַנְּבֹנִים עֹשֶׁר וְגַם לֹא לַיֹּדְעִים חֵן, כִּי עֵת וָפֶגַע יִקְרֶה אֶת כֻּלָּם".

הפתרון הוא למצוא את האושר בעולם פנימי, כזה שאיננו תלוי באישורם של אחרים. האושר האמיתי מצוי בחיי נחת, הרחק מן ההתלהמות והרעשנות שמאפיינות את המכורים לתדמית ולהבלטה עצמית. "דִּבְרֵי חֲכָמִים בְּנַחַת נִשְׁמָעִים" יותר "מִזַּעֲקַת מוֹשֵׁל בַּכְּסִילִים".

**כיצד עושים זאת?**

**סור מרע** – למעט ככל האפשר ביחצנות אישית; להתרחק משהות בקרבת מפורסמים; לא לעקוב אחר כמות ה'לייקים' שקיבלנו מאחרים; לא לשגות בדמיונות על רגעי תהילה.

**עשה טוב** - לעשות טוב דווקא בהסתר מבלי שאיש ידע; להזכיר לעצמנו, גם כשזוכים למחמאות, מהי הסיבה האמיתית שבשלה אנו פועלים; להתנהל בצניעות ולהימנע מהתנהגות פרובוקטיבית שמושכת תשומת לב - אם בדיבור, בלבוש או בהתנהלות יום־יומית (למשל, לשמוע מוזיקה בווליום גבוה, וכדומה).

כמובן, יש מקרים שבהם נדרשת חשיפה או פרסום לצורך קידום מטרה ראויה או הפצת טוב בעולם. אולם גם אז, ראוי לצמצם זאת ככל האפשר ולכוון בלב שהפרסום יהיה לשם שמיים. לזכור תמיד שהתהילה בעולם הזה חולפת, והשכר האמיתי הוא בחשבון הנצח האלוהי.

## פרק י

# טיפשות

חיי ריקנות וחוסר משמעות מובילים בהכרח לטיפשות. מצד אחד, בשל בערות הנולדת מהיעדר לימוד, שכן תרבות עצלנית ושטחית אינה מסוגלת להוליד העמקה. ומצד שני, מפני שחשיבה ישרה מאיימת על אורח החיים הנהנתני. הפתרון שמציעה התרבות החילונית איננו תיקון אלא העמקה של הבעיה: שקיעה בשטחיות מטופשת שמעניקה לניוון האישיותי לגיטימציה תת־הכרתית.

(א) זְבוּבֵי מָוֶת יַבְאִישׁ יַבִּיעַ שֶׁמֶן רוֹקֵחַ יָקָר מֵחָכְמָה מִכָּבוֹד סִכְלוּת מְעָט:

כשם שדי בזבוב קטן, שכבר נוטה למות, כדי להתערבב ולבעבע ("יביע", מלשון אבעבועות) בשמן מבוסם ("רוקח") ולהביא לסירחונו ולקלקולו, כך גם מעט טיפשות עלולה להרוס גודל ("יקר") של חוכמה וכבוד.

(ב) לֵב חָכָם לִימִינוֹ וְלֵב כְּסִיל לִשְׂמֹאלוֹ:

ה"חכם", גם כאשר הוא נכשל, ליבו ב"ימינו" - הוא אחוז בצדה החזק והמואר של המציאות. ואילו ה"כסיל", גם כאשר הוא מצליח במעשיו, ליבו ב"שמאלו" - הוא אחוז בצדה החלש והאפל של המציאות.

(ג) וְגַם בַּדֶּרֶךְ כְּשֶׁסָּכָל הֹלֵךְ לִבּוֹ חָסֵר וְאָמַר לַכֹּל סָכָל הוּא:

מסלול חייו של הטיפש מעיד על הלב ה"חסר" שעומד ביסודו, ומשדר לכל המתבוננים בו שהוא "סכל".

(ד) אִם רוּחַ הַמּוֹשֵׁל תַּעֲלֶה עָלֶיךָ מְקוֹמְךָ אַל תַּנַּח כִּי מַרְפֵּא יַנִּיחַ חֲטָאִים גְּדוֹלִים:

אם אתה מוצא עצמך נשלט ('נמשל') בידי הסכלות - "מקומך אל תנח" - אל תקבל את מצבך כגזרה שאין לשנותה. "כי מרפא יניח חטאים גדולים" - כאשר אתה מתרפה ושוקע בעמדה פסיבית, אתה עלול להידרדר עד כדי כישלונות קשים ונוראיים.

(ה) יֵשׁ רָעָה רָאִיתִי תַּחַת הַשָּׁמֶשׁ כִּשְׁגָגָה שֶׁיֹּצָא מִלִּפְנֵי הַשַּׁלִּיט:

קיימת במציאות שלנו "רעה" חמורה כל כך, עד שהיא נדמית "כשגגה לפני השליט". כאילו, חלילה, אלוהים 'טעה' בהנהגתו. ומהי אותה רעה?

(ו) נִתַּן הַסֶּכֶל בַּמְּרוֹמִים רַבִּים וַעֲשִׁירִים בַּשֵּׁפֶל יֵשֵׁבוּ:

מצב שבו תפיסת העולם של "הסכל" שולטת "במרומים רבים" - תופסת את מוקדי הכוח וההשפעה, ואילו ה"עשירים" בדעת - "בשפל ישבו".

(ז) רָאִיתִי עֲבָדִים עַל סוּסִים וְשָׂרִים הֹלְכִים כַּעֲבָדִים עַל הָאָרֶץ:

מציאות הפוכה זו גורמת לכך ש"עבדים" טיפשים וחסרי דעת שולטים בעוצמות חומריות ובמוקדי כוח ("סוסים"), ואילו המכובדים והחכמים ("שרים") מושפלים ארצה, חסרי כוח והשפעה גלויה. ואולם, אל חשש.

(ח) חֹפֵר גּוּמָּץ בּוֹ יִפּוֹל וּפֹרֵץ גָּדֵר יִשְּׁכֶנּוּ נָחָשׁ:

תרבות רוויית סכלות חופרת בעצמה את בור מפלתה. תרבות שמפרקת גבולות ("ופורץ גדר"), מזמינה לתוכה ארסיות הרסנית שמכלה אותה בסופו של דבר.

(ט) מַסִּיעַ אֲבָנִים יֵעָצֵב בָּהֶם בּוֹקֵעַ עֵצִים יִסָּכֶן בָּם:

מי שמנסה להניע תהליכים גדולים ("מסיע אבנים") מתוך טיפשות - ייכשל ויגיע לידי עיצבון. מי שמתיימר לשבור ולפרק מערכות קיימות ("בוקע עצים") מתוך סכלות ופזיזות - מסתכן באסון.

(י) אִם קֵהָה הַבַּרְזֶל וְהוּא לֹא פָנִים קִלְקַל וַחֲיָלִים יְגַבֵּר וְיִתְרוֹן הַכְשֵׁיר חָכְמָה:

השכל נמשל לחרב ברזל: כאשר "קהה הברזל" - כלומר, כאשר אדם מותיר את שכלו קהה וחלש ואינו מלטש ("קלקל", מלשון "נחושת קלל", יחזקאל א, ז) את פניו, כיצד זה "חיילים יגבר", כיצד ינצח את אויביו? ה"יתרון" שמכשיר את האדם להתגבר על אתגרי החיים הוא ה"חכמה".

(יא) אִם יִשֹּׁךְ הַנָּחָשׁ בְּלוֹא לָחַשׁ וְאֵין יִתְרוֹן לְבַעַל הַלָּשׁוֹן:

דוגמה נוספת לנזק שגורמת הטיפשות היא דיבוריו המזיקים של הכסיל. כפי שנחש מקדים קול לחש לפני שהוא מטיל את ארסו (אף שאין בלחש תועלת עבורו אלא רק חשיפת מקומו), כן הטיפש "בעל הלשון" אומר את לחשיו הרעים שלא רק שאינם מביאים לו "יתרון" אלא משקיעים אותו עוד יותר, כדלקמן.

(יב) דִּבְרֵי פִי חָכָם חֵן וְשִׂפְתוֹת כְּסִיל תְּבַלְּעֶנּוּ:

דברי פיו של החכם הם דברי "חן", ואילו "שפתות כסיל תבלענו" - שפתותיו של הטיפש גורמות לו להיבלע באדמה, היינו לקבור את עצמו.

(יג) תְּחִלַּת דִּבְרֵי פִיהוּ סִכְלוּת וְאַחֲרִית פִּיהוּ הוֹלֵלוּת רָעָה:

"תחילת" דבריו היא "סכלות" ואילו "אחרית" דבריו היא "הוללות רעה" - הטיפשות אינה נותרת בגדר רעיון תיאורטי בלבד, אלא נושאת עימה השלכות מעשיות מרות.

(יד) וְהַסָּכָל יַרְבֶּה דְבָרִים לֹא יֵדַע הָאָדָם מַה שֶּׁיִּהְיֶה וַאֲשֶׁר יִהְיֶה מֵאַחֲרָיו מִי יַגִּיד לוֹ:

הטיפש "ירבה דברים" ויתפאר כאילו הוא יודע את העתידות, בעוד שהאמת היא ש"לא ידע האדם מה שיהיה". והסכל אף את "אשר יהיה מאחריו מי יגיד לו" - אפילו את הפרשנות למה שכבר אירע, שהיה "מאחריו", צריך להסביר לו.

(טו) עֲמַל הַכְּסִילִים תְּיַגְּעֶנּוּ אֲשֶׁר לֹא יָדַע לָלֶכֶת אֶל עִיר:

"הכסילים" גורמים ל"עמל" שמייגע את החכמים, מפני שהכסיל "לא ידע ללכת אל עיר", ויש צורך להדריך אותו כל העת.

(טז) אִי לָךְ אֶרֶץ שֶׁמַּלְכֵּךְ נָעַר וְשָׂרַיִךְ בַּבֹּקֶר יֹאכֵלוּ:

אבוי לך אומה שמנהיגך הוא פזיז וחסר ניסיון ("נער"), ויועציו ('שריו') שבויים בתאוות החומר, מיד בבוקר ממהרים לאכילה ולסביאה.

(יז) אַשְׁרֵיךְ אֶרֶץ שֶׁמַּלְכֵּךְ בֶּן חוֹרִים וְשָׂרַיִךְ בָּעֵת יֹאכֵלוּ בִּגְבוּרָה וְלֹא בַשְּׁתִי:

לעומת זאת, מאושרת היא האומה שמונהגת בידי אנשים חכמים, המשוחררים מהתמכרות לחומרנות. בני חורין היודעים לאכול בזמן הנכון מתוך שליטה עצמית ("גבורה"), ולא להיסחף אחר שתייה מופרזת.

(יח) בַּעֲצַלְתַּיִם יִמַּךְ הַמְּקָרֶה וּבְשִׁפְלוּת יָדַיִם יִדְלֹף הַבָּיִת:

הטיפשות, כאמור, מביאה לניוון אישיותי. העצלות גורמת לתקרת הבית לשקוע ולהתמוטט, וחוסר המוטיבציה גורם לכך ש"ידלוף הבית", שהכול הולך ומתפורר מבפנים.

(יט) לִשְׂחוֹק עֹשִׂים לֶחֶם וְיַיִן יְשַׂמַּח חַיִּים וְהַכֶּסֶף יַעֲנֶה אֶת הַכֹּל:

הכסילים מתייחסים אל החיים כאל בדיחה אחת גדולה. מה"שחוק עושים לחם" - פרנסתם מגיעה מציניות ומזלזול. הם מאמינים ש"יין ישמח חיים" - שההנאות והבידור יביאו שמחה לחייהם וש"הכסף יענה את הכל".

(כ) גַּם בְּמַדָּעֲךָ מֶלֶךְ אַל תְּקַלֵּל וּבְחַדְרֵי מִשְׁכָּבְךָ אַל תְּקַלֵּל עָשִׁיר כִּי עוֹף הַשָּׁמַיִם יוֹלִיךְ אֶת הַקּוֹל וּבַעַל כְּנָפַיִם יַגֵּיד דָּבָר:

החכם, לעומת זאת, חי חיים מושכלים ורואה למרחוק. הוא יודע שגם דברים שנראים נסתרים - כקללה של מלך במחשבה ("מדעך" מלשון מדע) או השמצה של עשיר בסתר - סופם להתגלות, "כי עוף השמים יוליך את הקול" וכדאי לשקול רווח מול הפסד. החוכמה מלמדת לדחות סיפוקים גם בתחום זה.

# הפתרון לטיפשות – פיתוח אישיות למדנית

אף שאנו חיים בדור בעל מאגרי הידע הגדולים ביותר בהיסטוריה, דווקא בו אנו עדים לבורות אדירה שמאפיינת את התרבות העכשווית. הלמדנות וההעמקה נתפסות כמיושנות ולא רלוונטיות, ואילו הבידור הזול שולט ביד רמה. עם הזמן אף נוצרת אידאליזציה של החיים השטחיים. הם מוצגים כאותנטיים וטבעיים, ללא חשיבה מושכלת. ההשלכות הן איומות: תרבות של סכלות מביאה בהכרח להתנהלות פזיזה וחסרת דחיית סיפוקים. "תְּחִלַּת דִּבְרֵי פִיהוּ סִכְלוּת, וְאַחֲרִית פִּיהוּ הוֹלֵלוּת רָעָה".

הפתרון לטיפשות טמון בפיתוח אישיות למדנית, הן בחוכמת החול ובעיקר בחוכמת הקודש. מצוות תלמוד תורה ביהדות מכוונת לעיצוב אישיות שאיננה מסתפקת רק במה שנראה לעין, אלא שואפת לממד העומק. בשלב ראשון מדובר בניתוח שכלתני של סיטואציות בצורתן הטכנית (כגון, לימודי גמרא), ובהמשך, בניתוח ערכי של אותן סיטואציות (כגון, לימודי אמונה). האישיות הלמדנית משתחררת מהתמכרות לפסיביות ולחומרנות, ומפתחת נמרצות וגבורה. "אַשְׁרֵיךְ אֶרֶץ שֶׁמַּלְכֵּךְ בֶּן חוֹרִים וְשָׂרַיִךְ בָּעֵת יֹאכֵלוּ בִּגְבוּרָה וְלֹא בַשְּׁתִי".

**כיצד עושים זאת?**

**סור מרע** – לצמצם בצריכת מדיה חזותית; לתרגל דחיית סיפוקים; להתרחק מתקשורת שטחית.

**עשה טוב** - לקבוע עיתים ללימוד, הן תורני הן ידע כללי; לרכוש ידע באמצעות אוריינות כתובה או נשמעת; לנתח תופעות לעומק.

חשוב לזכור שפיתוח למדנות איננו רק אמצעי לרכישת ידע ולהשכלה, אלא מהלך לשינוי אישיותי כולל. בהתאם לכך, הלימוד נדרש להיות מלווה במאמץ ואקטיביות. קריאה של ספרי קומיקס (ואף ספרות פרוזה, במובן מסוים), למשל, אינה מספיקה לצורך זה. למדנות עיונית, שדורשת אתגר אינטלקטואלי, היא השריר שאותו יש לאמן על מנת לבנות אישיות המונעת מתוך מבט עומק ולא מתוך שטחיות.

פרק יא

# עצלנות

אשליית נחמה נוספת שמציעה תרבות חסרת משמעות היא אורח חיים עצל, חסר דחיית סיפוקים, שבו מנסה האדם למלא כל תאווה באופן מיידי - אוכל, כסף, מין, כבוד - ולדמיין שבכך טמון האושר. אלא ששלמה המלך מציע דרך אחרת.

(א) שַׁלַּח לַחְמְךָ עַל פְּנֵי הַמָּיִם כִּי בְרֹב הַיָּמִים תִּמְצָאֶנּוּ:

החכם אינו מכלה את מרצו ואת ממונו בסיפוקים מיידיים אלא חוסך אותם לטווח ארוך. בדומה לאדם ששולח אספקה בספינה היוצאת למסע ארוך בידיעה שבסופו של דבר היא תביא תועלת.

(ב) תֶּן חֵלֶק לְשִׁבְעָה וְגַם לִשְׁמוֹנָה כִּי לֹא תֵדַע מַה יִּהְיֶה רָעָה עַל הָאָרֶץ:

עצתו של שלמה המלך לאדם היא: חלק את משאביך לשבעה חלקים (מספר המייצג את צורכי היום־יום במחזור החיים הטבעי של שבעת ימי השבוע), או אף חלק אותם לשמונה (מספר המבטא את הצרכים בממד העל־טבעי). זאת, "כי לא תדע מה יהיה רעה על הארץ".

(ג) אִם יִמָּלְאוּ הֶעָבִים גֶּשֶׁם עַל הָאָרֶץ יָרִיקוּ וְאִם יִפּוֹל עֵץ בַּדָּרוֹם וְאִם בַּצָּפוֹן מְקוֹם שֶׁיִּפּוֹל הָעֵץ שָׁם יְהוּא:

האדם איננו שולט על מהלך המאורעות בעולמו של הקב"ה. אם העננים יגיעו למצב שבו הם ממטירים ("יריקו") גשם על פני האדמה - כך יהיה; ואם ייפול עץ בכל מקום שהוא - שם יישאר. כיוון שכך, על האדם להכין עצמו מראש בשכל ובתבונה, כיצד להתמודד עם המאורעות הטבעיים שאינם בשליטתו.

(ד) שֹׁמֵר רוּחַ לֹא יִזְרָע וְרֹאֶה בֶעָבִים לֹא יִקְצוֹר:

מי שממתין לרוח שתביא את העננים, ואינו זורע בינתיים; ומי שרואה עננות מתקרבת, ואינו קוצר את תבואתו מבעוד מועד - יפסיד את רכושו ואת עמלו. האדם אינו אמור להיכנע לאזור הנוחות ולסיפוק המיידי שהוא מעניק לו, אלא עליו לאמץ עמדה פנימית של דריכות ועמל.

(ה) כַּאֲשֶׁר אֵינְךָ יוֹדֵעַ מַה דֶּרֶךְ הָרוּחַ כַּעֲצָמִים בְּבֶטֶן הַמְּלֵאָה כָּכָה לֹא תֵדַע אֶת מַעֲשֵׂה הָאֱלֹהִים אֲשֶׁר יַעֲשֶׂה אֶת הַכֹּל:

כשם שעין בלתי מזוינת אינה מסוגלת לראות את מהלכה של הרוח או את העצמות בגוף האדם - כך גם איננו יכולים לדעת "את מעשה האלוהים אשר יעשה את הכל", ולכן -

(ו) בַּבֹּקֶר זְרַע אֶת זַרְעֶךָ וְלָעֶרֶב אַל תַּנַּח יָדֶךָ כִּי אֵינְךָ יוֹדֵעַ אֵי זֶה יִכְשַׁר הֲזֶה אוֹ זֶה וְאִם שְׁנֵיהֶם כְּאֶחָד טוֹבִים:

העמל וההדריכות אינם פוסקים לעולם. "בבוקר זרע את זרעך ולערב אל תנח ידך", מפני שאינך יודע מהיכן תבוא ההצלחה. לעיתים מזה לעיתים מזה, ולעיתים משניהם יחדיו.

(ז) וּמָתוֹק הָאוֹר וְטוֹב לַעֵינַיִם לִרְאוֹת אֶת הַשָּׁמֶשׁ:

אדם המצוי בהלך נפש של השכלה ועבודה, ימצא כי "מתוק האור וטוב לעינים לראות את השמש". החיים הללו נפלאים אם מנצלים אותם כראוי.

(ח) כִּי אִם שָׁנִים הַרְבֵּה יִחְיֶה הָאָדָם בְּכֻלָּם יִשְׂמָח וְיִזְכֹּר אֶת יְמֵי הַחֹשֶׁךְ כִּי הַרְבֵּה יִהְיוּ כָּל שֶׁבָּא הָבֶל:

אם אדם יזכה לחיות "שנים הרבה" מתוך לימוד, יצירתיות ועמל - "בכלם ישמח". עם זאת, ראוי לזכור תמיד את "ימי החושך" שיבואו, אם חייו יתנהלו בטיפשות והבל, "כל שבא הבל".

(ט) שְׂמַח בָּחוּר בְּיַלְדוּתֶיךָ וִיטִיבְךָ לִבְּךָ בִּימֵי בְחוּרוֹתֶיךָ וְהַלֵּךְ בְּדַרְכֵי לִבְּךָ וּבְמַרְאֵי עֵינֶיךָ וְדָע כִּי עַל כָּל אֵלֶּה יְבִיאֲךָ הָאֱלֹהִים בַּמִּשְׁפָּט:

אין כל פסול בחיים שמחים וטובים בעת שאדם במלוא כוחו ("בחור"), אך זאת, בתנאי שהחיים הללו נשלטים בידי השכל. חיים שמתנהלים מתוך חשבון ומודעות מתמדת לכך ש"על כל אלה יביאך האלוהים במשפט" - הם החיים הרצויים.

(י) וְהָסֵר כַּעַס מִלִּבֶּךָ וְהַעֲבֵר רָעָה מִבְּשָׂרֶךָ כִּי הַיַּלְדוּת וְהַשַּׁחֲרוּת הָבֶל:

היחס הנכון להתנהגות הילדותית, זו המאפיינת את ימי צעירותו ושחרותו של האדם, הוא להכיר בחוסר התוחלת שבה ובריקנות שהיא נושאת עימה ("הבל"). ההכרה בכך מאפשרת להשתחרר מתחושות של כעס וכישלונות החיים, תוצאותיה של פזיזות והתנהלות חסרת שכל.

# הפתרון לחיי עצלות – פיתוח אישיות זריזה

חיים חסרי משמעות גוררים אחריהם עצלות. כאשר אדם אינו מוצא טעם לחייו הוא מאבד את המוטיבציה לעשייה וליצירה. העצלות מטבעה הולכת ומשתלטת על האישיות עד שהיא עלולה להביא להתפוררותה המוחלטת. הוויתור לעצמי הופך לאידיאל, והאדם נעשה דחיין כרוני, שאינו מכין עצמו כראוי לאתגרי החיים, "שֹׁמֵר רוּחַ לֹא יִזְרָע, וְרֹאֶה בֶעָבִים לֹא יִקְצוֹר".

הפתרון טמון בפיתוח אישיות נמרצת ואקטיבית, שאינה ממתינה לפגע שיגיע, אלא ערוכה לכל תרחיש. "בַּבֹּקֶר זְרַע אֶת זַרְעֶךָ וְלָעֶרֶב אַל תַּנַּח יָדֶךָ, כִּי אֵינְךָ יוֹדֵעַ אֵי זֶה יִכְשַׁר הֲזֶה אוֹ זֶה וְאִם שְׁנֵיהֶם כְּאֶחָד טוֹבִים". דחיית סיפוקים וחישוב לטווח ארוך אף הם בכלל מידת הזריזות, "שַׁלַּח לַחְמְךָ עַל פְּנֵי הַמָּיִם כִּי בְרֹב הַיָּמִים תִּמְצָאֶנּוּ".

### כיצד עושים זאת?

**סור מרע** – לא לדחות משימות הכרחיות (למשל, קימה בבוקר או סידור חדר); לא להרפות מפעולה שהתחלנו בה עד לסיומה; לא לשגות בדמיונות.

**עשה טוב** – להתנהל באופן מעשי ובזריזות (גם אם בתחילה הדבר נעשה באופן מלאכותי); לעסוק בכושר גופני; להתמקד במשימה שלפנינו (מבלי

לברוח במחשבה לשאלה מתי היא תסתיים); לחשב סיכונים וסיכויים לפני תחילת כל פעולה.

קיים קשר ישיר בין מצב רוח אופטימי ושמח לבין נמרצות אישיותית. כאשר אדם מצוי בחוסר תכלית, הנפש נמשכת מטבעה לצייר עתיד קודר, ומכאן קצרה הדרך לשקוע עוד יותר בפסיביות ובחוסר מעש. לעומת זאת, חיי משמעות מעניקים לאדם תכלית ומבט אופטימי המולידים חיי יצירה ועשייה. לכן נגזרת יסודית של אורח חיים שאינו עצל, היא התרחקות מדמויות, תכנים ומערכות שמשרים עלינו דכדוך (כגון, צריכת תקשורת).

## פרק יב

# ילדותיות

בפרק החותם את מגילת קהלת מנפץ שלמה המלך את האשליה הגדולה מכול - האשליה שאפשר להיות צעיר לנצח. כאשר אדם מצוי בשיא כוחו ועלומיו הוא נוטה להדחיק את הידיעה הוודאית של חוק המוות, ומאפשר לעצמו להתנהג בהפקרות וילדותיות, התנהלות שסופה אבדון.

(א) וּזְכֹר אֶת בּוֹרְאֶיךָ בִּימֵי בְּחוּרֹתֶיךָ עַד אֲשֶׁר לֹא יָבֹאוּ יְמֵי הָרָעָה וְהִגִּיעוּ שָׁנִים אֲשֶׁר תֹּאמַר אֵין לִי בָהֶם חֵפֶץ:

בימי הבְּחוּרוֹת ישנה נטייה לשכוח את הבורא. החיים החומריים מהלכים עלינו קסם ונדמה לנו שנוכל להמשיך כך לעד. שלמה המלך מזכיר לנו למלא את ייעודנו לפני בוראנו כבר בשלב הזה, בטרם "יבואו ימי הרעה" ובטרם יגיעו "שנים אשר תאמר אין לי בהם חפץ" - כלומר, עוד לפני שנבוא לימי הזקנה שבהם תשוקת החיים תדעך בנו.

(ב) עַד אֲשֶׁר לֹא תֶחְשַׁךְ הַשֶּׁמֶשׁ וְהָאוֹר וְהַיָּרֵחַ וְהַכּוֹכָבִים וְשָׁבוּ הֶעָבִים אַחַר הַגָּשֶׁם:

כדאי לשוב בתשובה לפני בוא ימי הזקנה, טרם "תחשך השמש והאור". בסוף חיי האדם דועך גם אור "הירח והכוכבים", כי "שבו העבים אחרי הגשם" - אפילו לאחר שירדו גשמים, ממשיכים העננים לכסות את השמיים ומעלימים גם את האור שנותר, אור לילה עמום של ירח וכוכבים. כך נראית שקיעת החיים לקראת המוות, כאשר אדם מביט לאחור על שנים רוויות גשמיות ותאוות, ומתמלא בתחושת ריקנות נוראה.

(ג) בַּיּוֹם שֶׁיָּזֻעוּ שֹׁמְרֵי הַבַּיִת וְהִתְעַוְּתוּ אַנְשֵׁי הֶחָיִל וּבָטְלוּ הַטֹּחֲנוֹת כִּי מִעֵטוּ וְחָשְׁכוּ הָרֹאוֹת בָּאֲרֻבּוֹת:

באותם ימי חשוכים של שקיעת החיים "יזועו שומרי הבית" - יתערערו עצמות הגוף המגינות עליו; "והתעוותו אנשי החיל" - ירעדו הרגליים ששימשו את האדם להליכה וריצה לעשות חיל; "ובטלו הטוחנות כי מעטו" - ינשרו השיניים המועטות; "וחשכו הרואות בארובות" - ותדעך ותתעמעם ראיית העיניים.

(ד) וְסֻגְּרוּ דְלָתַיִם בַּשּׁוּק בִּשְׁפַל קוֹל הַטַּחֲנָה וְיָקוּם לְקוֹל הַצִּפּוֹר וְיִשַּׁחוּ כָּל בְּנוֹת הַשִּׁיר:

יגיעו ימים שבהם האדם יסתגר ויתרחק מן החברה, הוא יסגור את פתחיו אל העולם, כשם שבעל חנות סוגר את דלתו בשוק, ברגע שקול טחנת הקמח נחלש. היינו, הוא יפסיק את מגעו עם החברה בתום יום העבודה; במקביל לכך, שנתו תהיה קלה ומלאת פחדים עד כדי כך שהוא יתעורר מכל צליל, אפילו דק כ"קול הציפור". ומבחינתו, התכופפו ('שחו') "כל בנות השיר" - הוא יחוש ניכור לשירה ולעליצות החיים.

(ה) גַּם מִגָּבֹהַּ יִרָאוּ וְחַתְחַתִּים בַּדֶּרֶךְ וְיָנֵאץ הַשָּׁקֵד וְיִסְתַּבֵּל הֶחָגָב וְתָפֵר הָאֲבִיּוֹנָה כִּי הֹלֵךְ הָאָדָם אֶל בֵּית עוֹלָמוֹ וְסָבְבוּ בַשּׁוּק הַסֹּפְדִים:

האדם בזקנתו ירא מכל אתגר מעט "גבוה", ורואה בדרכו מכשולים ("חתחתים") בכל פינה; הוא מקלל את פריחת עץ "השקד" (או את השוקדים על מלאכתם); חש סבל מכל משקל קל אפילו כשל "החגב"; ומתבטל ונשמט ('מופר') ממנו כל הרצון לחיים ("אביונה" מלשון אבה, רצה); וזאת, מפני שהוא חש את צינת המוות נושפת בעורפו, וכבר "סבבו בשוק הסופדים".

(ו) עַד אֲשֶׁר לֹא יֵרָתֵק חֶבֶל הַכֶּסֶף וְתָרֻץ גֻּלַּת הַזָּהָב וְתִשָּׁבֶר כַּד עַל הַמַּבּוּעַ וְנָרֹץ הַגַּלְגַּל אֶל הַבּוֹר:

שלמה המלך ממשיל את מות האדם לשבירת כד שאיבה יקר, קשור בחבל כסף וגלגלת זהב, שכעת אינו מסוגל עוד לשאוב מים מבור המעיין. גלגל השאיבה מתנתק ונופל אל תוך הבור. כך גם באדם. כאשר עמוד השדרה ("חבל הכסף") חדל מלחבר ('לרתק') בין הגוף לגולגולת המוח ("גולת הזהב"), מגיע רגע המוות. אין עוד אפשרות לאדם לשאוב חיים מ"מבוע" החיים, וכל מהלך ("גלגל") חייו הולך אל סופו - אל בור הקבר.

(ז) וְיָשֹׁב הֶעָפָר עַל הָאָרֶץ כְּשֶׁהָיָה וְהָרוּחַ תָּשׁוּב אֶל הָאֱלֹהִים אֲשֶׁר נְתָנָהּ:

וביום המוות ישוב גוף האדם אל עפר הארץ שממנו בא, ואילו הרוח הנצחית תעמוד לדין לפני האלוהים.

(ח) הֲבֵל הֲבָלִים אָמַר הַקּוֹהֶלֶת הַכֹּל הָבֶל:
ואזי יתברר לאדם מה ש"אמר הקוהלת" לאורך כל המגילה: חיים חסרי משמעות הם "הבל הבלים... הכל הבל".

(ט) וְיֹתֵר שֶׁהָיָה קֹהֶלֶת חָכָם עוֹד לִמַּד דַּעַת אֶת הָעָם וְאִזֵּן וְחִקֵּר תִּקֵּן מְשָׁלִים הַרְבֵּה:
המבט שמעניק לנו שלמה המלך, שידע 'להתקהל' לתוך הנפש פנימה ולהקהיל סביבו את העם, איננו רק מבט "חכם", אלא גם כזה שיודע להמשיג את החוכמה ב"משלים" הנגישים לכל שכבות הציבור. זהו מבט המביא לידי איזון, חקירה ותיקון הנפש.

(י) בִּקֵּשׁ קֹהֶלֶת לִמְצֹא דִּבְרֵי חֵפֶץ וְכָתוּב יֹשֶׁר דִּבְרֵי אֱמֶת:
המטרה שאותה "ביקש קהלת" להשיג הייתה "למצוא דברי חפץ" - כלומר, למצוא תוכן שמעניק רצון וטעם לחיים, תוכן ישר ואמיתי המסוגל להנחות את האדם במהלך חייו.

(יא) דִּבְרֵי חֲכָמִים כַּדָּרְבֹנוֹת וּכְמַשְׂמְרוֹת נְטוּעִים בַּעֲלֵי אֲסֻפּוֹת נִתְּנוּ מֵרֹעֶה אֶחָד:
דבריו של קהלת, ככל דברי החכמים שנאמרו ברוח הקודש, הם "כדרבנות". כמו הכלים החדים שבהם דוקרים את הבהמה כדי להמריצה, כך דברי חז"ל ממריצים את האדם לנוע קדימה ולהתעלות. דבריהם גם "כמשׂמרות נטועים" - כמסמרים התקועים באדמה ומעניקים יציבות (שממשיכה לפרות ולרבות כצמח נטוע); וגם כ"בעלי אסופות" - תכנים ש'נאסף' בהם מכלול רחב של חוכמה וניסיון, המשותפים לכלל בני האדם בכל שכבות העם; וכולם "נִתנו מרועה אחד" - אף שדברי החכמים נאמרו בסגנונות שונים, מקורם אחד - אלוהים.

(יב) וְיֹתֵר מֵהֵמָּה בְּנִי הִזָּהֵר עֲשׂוֹת סְפָרִים הַרְבֵּה אֵין קֵץ וְלַהַג הַרְבֵּה יְגִעַת בָּשָׂר:
"ויותר מהמה" - מדברי חכמים עצמם - "הִזהר עשות ספרים הרבה אין

קץ". ישנה סכנה גדולה אף יותר מן הסכנות שמזהירים מפניהם ספרי החכמים, והיא שאדם יימלט אל תובנות אינטלקטואליות מופשטות, במקום להתמודד עם שינוי מוסרי אמיתי. לעיתים מרוב מלל ("להג") מתייגע האדם אך אינו נפנה לתיקון מעשי. ולכן, דווקא בסופה של המגילה, מזהיר שלמה המלך שלימוד חוכמה איננו תחליף לעבודה מוסרית בריאה, ממוקדת וממשית.

(יג) סוֹף דָּבָר הַכֹּל נִשְׁמָע אֶת הָאֱלֹהִים יְרָא וְאֶת מִצְוֹתָיו שְׁמוֹר כִּי זֶה כָּל הָאָדָם:

בסופו של דבר, התוכן החשוב ביותר ה"נשמע" בחיים, שהינו "הכל" הוא: "את האלוהים ירא ואת מצוותיו שמור כי זה כל האדם". החיבור ליראת אלוהים ולמשמעות המתממשת באורח חיים יהודי של קיום מצוות - זוהי תכלית האדם בעולמו.

(יד) כִּי אֶת כָּל מַעֲשֶׂה הָאֱלֹהִים יָבִא בְמִשְׁפָּט עַל כָּל נֶעְלָם אִם טוֹב וְאִם רָע:

כל מעשה ומעשה שאדם עושה בחייו יעמוד לפני האלוהים למשפט. גם דברים שנסתרים מעיני הבריות, ולעיתים אף כאלה שנסתרים מהאדם עצמו, בין מעשה "טוב" ובין מעשה "רע" - הכול ייבחן בידי האלוהים לבדו.

סוֹף דָּבָר הַכֹּל נִשְׁמָע
אֶת הָאֱלֹהִים יְרָא וְאֶת מִצְוֹתָיו שְׁמוֹר
כִּי זֶה כָּל הָאָדָם.

# הפתרון להתנהלות ילדותית – הפנמת חוק המוות

בסיומה של מגילת קהלת מסכם שלמה המלך את תמצית האשליה האנושית, שגורמת לאדם להעדיף את חיי החומר על פני חיי המהות (אשליה שראינו לה ביטויים מגוונים לאורך כל פרקי המגילה): חוויית החושניות של ההווה, המורגשת בעוצמתה בעיקר בימי הבחרות. התנהלות ילדותית הנובעת מדחיקת הרוח אינה יכולה להאריך ימים. ולכן מזהיר קהלת: "וּזְכֹר אֶת בּוֹרְאֶיךָ בִּימֵי בְּחוּרֹתֶיךָ עַד אֲשֶׁר לֹא יָבֹאוּ יְמֵי הָרָעָה, וְהִגִּיעוּ שָׁנִים אֲשֶׁר תֹּאמַר אֵין לִי בָהֶם חֵפֶץ".

הפתרון הוא להפנים בתודעה כבר בימי הצעירות את מוגבלותם של חיי החומר. כאשר אדם מבין את גבולות גופו, ותודעת המוות מרחפת לנגד עיניו – בהכרח הוא מתעדף נכונה את צורכי הרוח מול צורכי החומר, "כִּי הֹלֵךְ הָאָדָם אֶל בֵּית עוֹלָמוֹ וְסָבְבוּ בַשּׁוּק הַסֹּפְדִים".

**כיצד עושים זאת?**

**סור מרע** – להתרחק מסביבה שמקדשת את הנעורים ובזה לזקנה; להימנע מהתנהלות מוחצנת ומתפרצת (כגון, חוויות קצה מופרזות); לא לפתח תלות בעולם החומרי (התמכרות על סוגיה השונים).

**עשה טוב** – לקיים מפגשים יזומים עם פגעי החיים במטרה לתקן ולצמוח (למשל, התנדבות במקומות מצוקה); ללמוד ולהפנים תובנות מאנשים

מבוגרים בעלי ניסיון חיים; להתבונן בעיניים פקוחות ובשכל ישר במקרי מוות שנקרים בדרכנו; וכמובן, לצרוך תוכן תורני שמדגיש את המשמעות הנצחית של החיים, כדוגמת מגילת קהלת.

עם זאת, חשוב להדגיש כי היהדות איננה מבקשת להשרות על האדם דכדוך או ייאוש מתוך העיסוק במוות ובפגעי החיים. הכוונה היא לא להפחיד או לשתק - אלא לעורר, להביט נכוחה במוגבלותם של חיי החומר, ובאמצעות כך, להעצים את חיי הרוח ולכוון את האדם לתיקון ולצמיחה. היהדות איננה מעודדת את הופעת המוות, אך כאשר הוא נקרה בדרכנו - איננו מדחיקים אותו, אלא מתבוננים ושואלים, מה ניתן ללמוד ממנו? כיצד אפשר לחזק את הרוח דווקא מתוך המפגש עם השבר? כמו בתפילת הקדיש שדווקא מתוך הכאב והאובדן היא מרוממת את הנפש: "יתגדל ויתקדש שמיה רבה" - דווקא מתוך המוות.